保育実践を学ぶ

保育内容
「人間関係」
第2版

咲間まり子 編

執筆者一覧

● **編者**

咲間まり子（さくま まりこ）　函館短期大学

● **執筆者（五十音順）**

上村　晶（うえむら あき）　桜花学園大学……………………………第5章
栗原ひとみ（くりはら ひとみ）　植草学園大学……………………………第4章
駒井美智子（こまい みちこ）　元常葉大学……………………………第2章
榊原　博美（さかきばら ひろみ）　愛知学院大学……………………………第1章
咲間まり子（さくま まりこ）　（前出）……………………………第12章
鈴木　智子（すずき ともこ）　福島学院大学短期大学部……………………第11章
坪井　瞳（つぼい ひとみ）　東京成徳大学……………………………第8章
中村真理子（なかむら まりこ）　四国大学短期大学部……………………第9章
名倉　一美（なぐら かずみ）　静岡県立大学短期大学部……………………第7章
西谷　香苗（にしたに かなえ）　元園田学園女子大学……………………第10章
芳賀亜希子（はが あきこ）　浜松学院大学短期大学部……………………第3章
守　　巧（もり たくみ）　こども教育宝仙大学……………………第13章
吉次　豊見（よしつぐ とよみ）　関西学院大学……………………………第6章

はじめに

　かつて、領域「人間関係」は「社会」という名称でした。この名称からもわかりますように、現行の幼稚園教育要領、保育所保育指針、幼保連携型認定こども園教育・保育要領ほど対人関係に焦点化した内容ではありませんでした。ところが、子どもを取り巻く環境は大幅に変化（核家族化の進行やきょうだい数の減少、過保護の問題、子ども集団の崩壊、遊びの変化など）し、「人間関係」という独立した領域が必要となり、対人関係に焦点化した「ねらい」「内容」が設定されました。そして、領域「人間関係」が設定された後の幼稚園教育要領・保育所保育指針においてもその傾向はますます強くなっていきました。それは、実際の子どもたちの人間関係の形成能力が、子どもを取り巻く環境の変化により著しく低下し続けているからと考えられます。

　こういった状況のなか、人間関係の形成の場として、就学前施設（幼稚園、保育所、認定こども園）の果たす役割は非常に重要になりました。子どもは就学前施設で出会う仲間、保育者、地域の方々など、さまざまな人と関わり、互いに影響し合うことをとおして、一人一人が成長し、人と関わる力を養っていきます。

　そうした子どもの育ちの姿や人との関わりを広げていく姿、それを支える保育者の保育実践が学べるように、本書は2013（平成25）年に、就学前施設での事例を豊富に用いるなどの工夫をし、初版を発刊しました。そしてこの度、2018（同30）年４月施行の幼稚園教育要領、保育所保育指針、幼保連携型認定こども園教育・保育要領をふまえて新たに第２版を編集しました。第２版においてもわかりやすく保育内容「人間関係」についての学びを深められるよう、記述の見直しなどさらなる充実を図りました。保育者をめざす学生の皆さんに役立てていただければ幸いです。

　最後になりましたが、本書の刊行にあたりご協力いただきました幼稚園、保育所、認定こども園の関係者の皆様、ならびにこのような機会を与えてくださいました（株）みらいの竹鼻均之氏、西尾敦氏に心からお礼を申し上げます。

　平成30年３月

編者　咲間　まり子

もくじ

はじめに

第1章　現代社会の子どもを取り巻く今日的課題

第1節　家庭・地域社会の変容と仲間関係の崩壊 …………… 9
（1）子どもを取り巻く家庭・地域の変容―縮小化と希薄化―　9
（2）直接経験の不足化と仲間関係の喪失　14

第2節　就学前施設における人間関係づくりの必要性 ………… 19
（1）保護者の人間関係を支える就学前施設　19
（2）子ども同士の仲間関係を支える就学前施設　21

第2章　領域「人間関係」の「ねらい」および「内容」

第1節　幼稚園教育要領、保育所保育指針、幼保連携型認定こども園教育・保育要領の改訂（定）と領域「人間関係」……… 23
（1）育みたい資質・能力　23
（2）幼児期の終わりまでに育ってほしい姿　24
（3）領域「人間関係」とは　25

第2節　乳児保育に関わる「ねらい」および「内容」………… 25
（1）ねらい　25
（2）内容　26

第3節　1歳以上3歳未満児の保育に関わる「ねらい」および「内容」27
（1）ねらい　28
（2）内容　28

第4節　3歳以上児の保育に関わる「ねらい」および「内容」…… 30
（1）ねらい　30
（2）内容　31

第5節　領域「人間関係」と他領域との関連 ………………… 35

第3章　乳幼児の発達と人間関係

第1節　0歳児から3歳未満児の発達と関わり･･････････････37

（1）　人との関わりの始まり　37
（2）　子どもの言葉の発達と大人の関わり　38
（3）　愛着の形成と分離行動　39

第2節　3歳児の発達と関わり･･････････････････････････43

第3節　4歳児・5歳児の発達と関わり･･････････････････44

第4章　遊びのなかで育つ人間関係

第1節　乳幼児期における遊びの意義････････････････････46

第2節　遊びと乳幼児の育ち････････････････････････････49

第3節　コミュニケーションの場としての遊び･･････････････52

第5章　幼児期の環境構成や人との関わり

第1節　幼児期の体験に必要な"環境"とは･･････････････59

（1）　保育現場における環境の重要性　59
（2）　子どもを取り巻く環境とは　60

第2節　環境との関わりから生まれる幼児期の人間関係･･････61

（1）　物との関わりをとおして　61
（2）　人との関わりをとおして　63
（3）　社会との関わりをとおして　65
（4）　自然との関わりをとおして　67
（5）　子どもが人との関わりを構築していく環境構成とは　69

第6章　保育者に求められている人間関係

第1節　年齢別における保育者との関わり････････････････72

（1）　乳児期の関わり　72
（2）　幼児期の関わり　73

第2節　自己発揮や他者理解、自己抑制を支える保育者の工夫‥74
　　（1）　子どもが自己を発揮するまで　74
　　（2）　遊びをとおした他者理解　76

第3節　自発性や共同性を育む関わり‥‥‥‥‥‥‥‥‥‥‥‥78
　　（1）　協同から協働へ　78
　　（2）　自然体験を取り入れた人間関係　80

第7章　特別な支援を必要とする子どもと他の子どもがともに育ち合うための関わり

第1節　集団生活に困難を伴う子どもへの保育‥‥‥‥‥‥‥‥83
　　（1）　一人一人のニーズに合わせた保育　83
　　（2）　丁寧な子ども理解から―保育者の視点を変える―　83

第2節　障がいのある子どもへの保育‥‥‥‥‥‥‥‥‥‥‥‥86
　　（1）　発達障がいの子どもへの支援　86
　　（2）　保育における「特別な支援」の考え方　86

第3節　誰もが居場所のある集団づくり‥‥‥‥‥‥‥‥‥‥‥89
　　（1）　特別支援教育をふまえた集団での育ち合い　89
　　（2）　育ち合いのできる豊かな集団づくり　89

第4節　個別の支援計画の作成とさまざまな連携‥‥‥‥‥‥‥91
　　（1）　保育者間連携と個別の指導計画　91
　　（2）　保護者との連携　91
　　（3）　専門機関との連携　92

第8章　さまざまな人との関わりと交流活動

第1節　異年齢との関わり‥‥‥‥‥‥‥‥‥‥‥‥‥‥‥‥‥93

第2節　地域の人々との関わり‥‥‥‥‥‥‥‥‥‥‥‥‥‥‥96

第3節　幼児期から学童期への「なめらかな接続」‥‥‥‥‥‥98
　　（1）　小学校に「あがる」ということ　98
　　（2）　接続期の子どもの教育の特徴　99
　　（3）　要領、指針、教育・保育要領にみる連携の必要性　100

（4）校種を越えた交流―小学生との交流― 101
（5）保育者と教師間の連携 102

第9章　就学前の子どもの育ちを支える人間関係

第1節　情動統制力の育ち……………………………………104
（1）幼児期の道徳性・規範意識と情動（気持ち）のつながり 104
（2）情動（気持ち）の調整 106

第2節　身体能力の育ち……………………………………109

第3節　学力問題への取り組み……………………………110
（1）数量や図形に関心をもつ 110
（2）文字に関心をもつ 113

第10章　保育者と保護者の人間関係

第1節　就学前施設の果たす役割…………………………116

第2節　保護者とのソーシャルワーク的な関わり………117

第3節　保護者への支援事例から考えられる人間関係…118

第11章　子育て支援活動や預かり保育においての保育者の工夫や取り組み

第1節　地域子育て支援センターにおける親子支援……125

第2節　預かり保育における保育者の関わり……………130

第12章　多文化保育と人間関係

第1節　多文化共生社会と人間関係………………………132

第2節　外国につながる子どもとの関わり………………133
（1）首都圏―公立保育所の事例 133
（2）人と関わる力を育てる 135

第3節 異文化理解のための関わり ………………………… 135
 （1）保護者とのコミュニケーションをとおして　135
 （2）家族以外の支援者の存在　137

第4節 ともに支え合うための関わり ………………………… 137

第13章 「人間関係」の指導計画

第1節 保育に関する計画 ………………………………………… 141
 （1）教育課程・全体的な計画　141
 （2）指導計画　141
 （3）長期の指導計画　142
 （4）短期の指導計画　142
 （5）評価と改善　143
 （6）指導計画作成上の留意点　143

第2節 指導計画の作成 …………………………………………… 145
 （1）領域「人間関係」と指導計画　145
 （2）事例からみる指導計画　146

幼稚園教育要領（抄） 150
保育所保育指針（抄） 162
幼保連携型認定こども園教育・保育要領（抄） 180

第1章　現代社会の子どもを取り巻く今日的課題

第1節　家庭・地域社会の変容と仲間関係の崩壊

（1）子どもを取り巻く家庭・地域の変容―縮小化と希薄化―

　1960年代以降、産業化とそれに伴う都市化の急速な進行により、地域社会は大きく変容してきている。都市化は人口の都市への集中を促し、都市勤労者世帯の増加や都市型生活様式の浸透によって核家族化を進行させていった。このような都市化・核家族化により、地域社会および子どもにとっての地域生活・家庭生活はどのように変わっていったのだろうか。

　都市化によってもたらされた地域社会の最も大きな変化は、地域関係や近隣関係の衰退化である。このような大人社会における地域関係・近隣関係の衰退は、地域の子ども同士の仲間関係の衰退化にも影響を及ぼす。また、農村的な大家族は少なくなり、都市勤労者家庭における核家族化や少子化によって家族の規模も縮小化の一途をたどっている。本節では、これら家庭や地域社会の変容と、それによってもたらされる子どもにとっての人間関係の問題について明らかにしたい。

① 家庭の変容と家族の縮小化

　近年における家庭の変化として、核家族化や少子化に伴う家族構成の小規模化・縮小化があげられる。総務省による「平成27年国勢調査」によれば、一般世帯の1世帯当たりの人員は、1970（昭和45）年に3.41であったものが2015（平成27）年には2.33となり、大幅な減少が続いている。世帯の小規模化の傾向は、核家族化と出生率の低下による一夫婦当たりの子どもの数の減少によるところが大きい。

　出生率の低下を示す指標として合計特殊出生率[*1]がある。この値の減少は、1989（平成元）年の1.57ショック[*2]と呼ばれる現象以降「少子化」のキーワードで、現代社会の危機を示すものとなった。少子化の背景には、女性の高学歴

[*1] 合計特殊出生率
15歳から49歳までの女性の年齢別出生率を合計したもので、1人の女性が、仮にその年次の年齢別出生率で一生の間に子どもを生むと仮定したときの子どもの数に相当する。

[*2] 1.57ショック
1989（平成元）年の合計特殊出生率が1.57と、「ひのえうま」という特殊要因により過去最低であった1966（昭和41）年の合計特殊出生率1.58を下回ったことが判明したときの衝撃を示している。

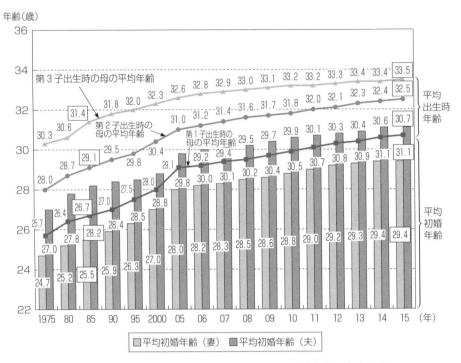

図1－1　平均初婚年齢と出生順位別の母の平均年齢の年次推移

資料：厚生労働省「人口動態統計」
出典：内閣府編『平成29年版　少子化社会対策白書』日経印刷株式会社　2017年　p.8を一部改変

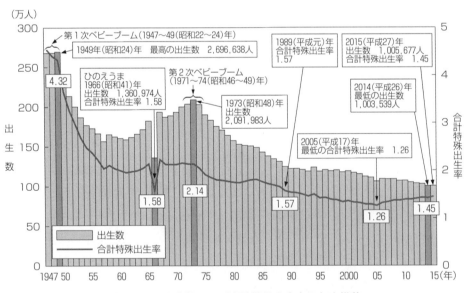

図1－2　出生数および合計特殊出生率の年次推移

資料：厚生労働省「人口動態統計」
出典：図1－1と同じ　p.3を一部改変

第1章　現代社会の子どもを取り巻く今日的課題

化や社会進出、経済の不安定さによる若年者の就業の困難を受けた晩婚化や非婚化の状況がある。図1-1、2をみると、平均初婚年齢や平均出生時年齢が上昇する一方で合計特殊出生率は減少傾向にあることがわかる。図1-3のような生涯未婚率の推移と相まって、この傾向は今後も続くことが予測される。

　家族が縮小化することで子どもの育ちはどのように変化するのだろうか。核家族の家庭における子どもにとっての人間関係は、少ないきょうだいと親との関係だけに限定される。それによって以前の大家族だった時代のように家庭内で多様な人間関係を経験することが困難になってきている。

　三世代同居や大家族のしがらみや煩わしさから開放されて、都会のマイホーム的な核家族には自由でのびのびした印象がある。反面、これまで祖父母から親へと受け継がれてきた子育ての伝承もなく、年齢の異なる世代の人の考えにふれることもできない。現代の親自身が核家族で育っているため、出産するまで一度も赤ちゃんや幼い子どもと接したり子守りをした経験がないという問題もある。このような育ちを背景とした親の子育ては、育児書やインターネットなど、メディアからの情報に頼るマニュアル的なものになりがちである。少ない子どもをよりよく育てようとする意識のあまり早期教育が過熱したり、子育ての不安から虐待に走るケースも少なくない。厚生労働省の調査によれば、児童虐待に関する相談件数は増加の一途をたどっている。

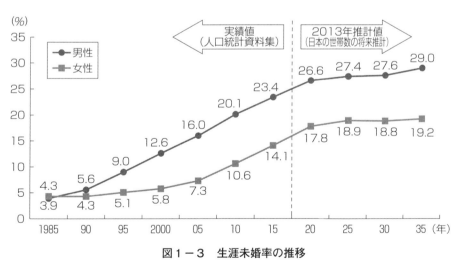

図1-3　生涯未婚率の推移

資料：国立社会保障・人口問題研究所「日本の世帯数の将来推計（全国推計）（2013年1月推計）」、「人口統計資料集（2017年版）」
（注）　50歳時の未婚割合は、50歳時点で一度も結婚をしたことのない人の割合であり、2015年までは「人口統計資料集（2017年版）」、2020年以降は「日本の世帯数の将来推計」より、45～49歳の未婚率と50～54歳の未婚率の平均。
出典：厚生労働省編『平成29年版　厚生労働白書』日経印刷株式会社　2017年　p.183を一部改変

家庭であれば安心、親であれば安心というような状況が薄れていることは明らかである。

このように本来人間を第一義的に育て、人間関係の土台づくりを担う家庭が変容していることで、子どもの豊かな人間関係づくりが根底から揺らいでいる状況がある。

② 地域の変容と人間関係の希薄化

図1-4からわかるように、日本の市部[*3]人口と郡部[*4]人口を比較してみると、市部人口が増加を続け、高度経済成長期に入ったところで市部人口が郡部人口を逆転し、以来その差は拡大している。いわゆる都市化の状況をみることができる。また、地方から都市への人口移動や、職場と住居が近接している農家や自営業の減少、共働き世帯の増加（図1-5）による専業主婦の減少により、地域社会での人々の結びつきは弱くなっている。大人社会におけるこのような人間関係の希薄化は、そのまま子どもの人間関係にも影響を及ぼしている。

地域において、居住する人々の間でさまざまな社会的相互作用が営まれている場所が「地域社会」であるが、住田正樹によれば「子どもは地域社会において、他人性を経験する」[1)]という。親でもない、きょうだいでもない、地域社会における他人との関わりのなかで、他人のなかに自己を発見することが、子どもにおける社会化の第一歩である。「子どもにとって地域の他人は全く見知らぬ他人ではなく、見慣れた顔の知れた他人ということになり、地域社会における近隣住民とのかかわりによって、子どもは将来的な広い範囲での人とのかかわりのいわば『練習の機会』を与えられている」[2)]ともい

*3 市部
市に属している地域のこと。

*4 郡部
郡に属している地域のこと。

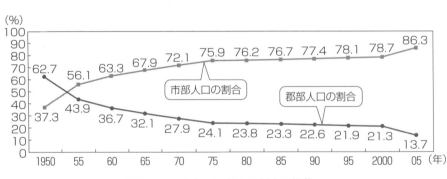

図1-4　市部・郡部人口割合の推移

資料：総務省統計局「国勢調査」
（注）1．1955年の数字は町村合併推進法、また2005年の数字は市町村合併特例法による市町村合併および新市成立の結果、それ以前の数字とは異なっている。
2．1960年の長野県西筑摩郡山口村と岐阜県中津川市の間の境界紛争地域の人口(73人)および岡山県児島湾干拓第7区の人口(1,200人)は、全国に含まれているが、市部または郡部には含まれていない。
出典：厚生労働省編『厚生労働白書 平成23年版』日経印刷株式会社　2011年　p.15を一部改変

第1章　現代社会の子どもを取り巻く今日的課題

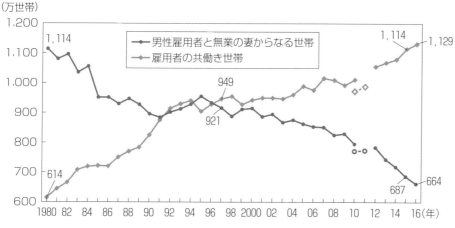

図1-5　専業主婦世帯と共働き世帯の推移

（注）1．1980年から2001年は総務庁「労働力調査特別調査」（各年2月。ただし、1980年から1982年は各年3月）、2002年以降は総務省「労働力調査（詳細集計）」より作成。「労働力調査特別調査」と「労働力調査（詳細集計）」とでは、調査方法、調査月等が相違することから、時系列比較には注意を要する。
　　2．「男性雇用者と無業の妻からなる世帯」とは、夫が非農林業雇用者で、妻が非就業者（非労働力人口および完全失業者）の世帯。
　　3．「雇用者の共働き世帯」とは、夫婦ともに非農林業雇用者（非正規の職員・従業員を含む）の世帯。
　　4．2010年および2011年の値は、岩手県、宮城県および福島県を除く全国の結果。
出典：内閣府編『男女共同参画白書　平成29年版』日経印刷株式会社　2017　p.75を一部改変

える。つまり、家族以外の人間関係を経験することができる最初の段階が近所の知り合いとの関係ということになる。

　親子関係を縦関係、きょうだい関係を横関係ととらえるならば、地域社会における異年齢の人々との斜めの関係をもつことで人間関係は複雑化し豊かなものになる。

　しかし、子どもの日常生活のなかに他人の存在が関わってくること自体がもはや少なくなってきている。都会のマンション生活であれば、とりわけ近所付き合いをすることもなく過ごすことができてしまう。「隣は何をする人ぞ（隣の人は何をしている人だろうか）」というような無関心な状況は都会での生活ではめずらしいことではない。近所のおじさん、おばさんに声をかけられたり、家族ぐるみの近所付き合いを経験したことがないような子どもは増えている。

　このような、近隣関係の子どもに対する教育的働きかけの乏しさは、そのままその後の人間関係の希薄さに結びつく要素になっていると考えられる。

(2) 直接経験の不足化と仲間関係の喪失

　今日の子どもが私的世界に埋没する傾向にあることは、子どものメディア利用の実態からも明らかである。少し前まではテレビやパソコン・ゲームなどが家庭に普及し、それに依存した生活になることが問題となったが、最近では乳幼児にさえスマートフォンやタブレット端末を使用させるケースも出てきている。これら大人社会に普及する新しいメディアや情報機器が子どもにまで影響し、さらに子どもの直接経験を不足させ、遊び空間や仲間関係のあり方にも変化を起こしているとの懸念がある。

　以下においては、子どもの直接経験が不足している状況を、子どもとメディアとの関係とそれによって引き起こされている仲間関係の喪失という視点からみていく。

① 子どもとメディアとの接触による直接経験の不足状況

　高度情報化社会と称される現代社会において、幼少の頃からテレビ・ビデオ・ゲーム・パソコン、さらにはスマートフォンやタブレット端末などのメディアに接触していることによって、直接経験が相対的に不足するという事態が深刻化している。

　表1-1[5]のように、小学校入学前の子どもの家庭におけるメディア所有率をみると、子どもの年齢が低いほどにスマートフォンの所有率が高い。また接触時間こそ相対的には少ないものの、0歳の段階ですでにスマートフォンに接触しているという驚くべき事実がある（図1-6）。最近では「スマホ育児」なる言葉もあるようだ。スマホ育児向けのアプリも存在するという。乳幼児がスマートフォンを手にするとすれば大人が意図的に与えることでしか接触することはない。スマホ育児に対しては、乳幼児の健全な発達や発育に悪影響を及ぼし、親子のコミュニケーションや情緒的な関係も少なくなるといった指摘が少なくない。

　表1-2からもメディアを使う場面は「親が家事などで手をはなせない」、あるいは「外出先での待ち時間」など、子どもとの直接的な関わりができない場面で使用されていることがわかる。スマートフォンの便利さは増すばかりであるが、スマホ育児に頼れば頼るほど、親子の関わりやコミュニケーションが減り、親子関係が希薄になる傾向がある。

　このように乳幼児の頃から情報機器に囲まれ、間接的でバーチャルなものに接触する時間が多くなることによって、実物に触れ実際に体験するというような直接経験が相対的に減少している状況にあることが危惧される。

---

[5] ベネッセ教育総合研究所が2013（平成25）年3月、東京・神奈川・千葉・埼玉に在住の0歳6か月〜6歳までの乳幼児をもつ母親を対象に実施したアンケート調査をもとにしている（以下、図1-6、表1-2、図1-7、表1-3、4も同じ）。

第1章 現代社会の子どもを取り巻く今日的課題

表1－1 家庭でのメディア所有率（子どもの年齢別）

	0歳後半 (569)	1歳 (521)	2歳 (436)	3歳 (448)	4歳 (438)	5歳 (421)	6歳 (401)
テレビ	99.3	99.6	99.8	99.3	99.8	99.8	100.0
ビデオ・DVD	94.2	96.4	97.2	98.7	99.3	98.3	99.0
パソコン	95.1	96.4	92.9	95.1	93.6	93.8	95.5
タブレット端末	28.8	27.4	29.8	32.4	29.7	29.2	27.7
スマートフォン	69.9	63.9	59.2	57.8	58.7	57.2	52.1
携帯電話	35.5	40.5	43.1	44.0	45.7	47.0	50.6
据え置き型ゲーム機	58.7	51.2	47.2	46.2	40.9	43.2	41.4
携帯型ゲーム機	56.8	53.0	50.0	45.8	46.8	46.1	47.4

（注）1．「スマートフォン」「携帯電話」は母親の所有率の数値。
　　　2．（　）内はサンプル数。
出典：『第1回 乳幼児の親子のメディア活用調査報告書』2013、ベネッセ教育総合研究所』p.19図
　　　1－1－1を一部改変

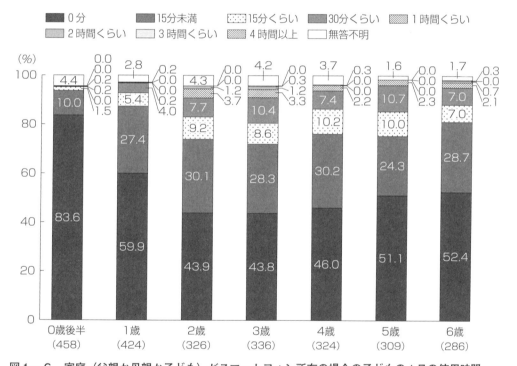

図1－6　家庭（父親か母親か子ども）がスマートフォン所有の場合の子どもの1日の使用時間
（注）（　）内はサンプル数。「家にない」を除く。
出典：表1－1と同じ　p.31図1－3－7

表1-2　メディアを使う場面（子どもの年齢別）

(%)

		0歳後半 (569)	1歳 (521)	2歳 (436)	3歳 (448)	4歳 (438)	5歳 (421)	6歳 (401)
親が家事などで手をはなせないとき	テレビ番組（録画を含む）	47.8	77.2	76.1	77.9	78.3	79.3	73.6
	ビデオ・DVD	9.8	44.5	55.3	60.7	62.1	52.7	41.1
	パソコン	0.9	1.3	1.8	4.7	4.6	5.9	8.0
	タブレット端末	1.4	1.7	5.0	9.2	6.4	6.4	6.2
	スマートフォン	1.9	2.9	6.9	8.7	5.9	9.5	7.2
	携帯電話	0.4	0.8	0.7	0.9	0.7	0.5	0.0
	据え置き型ゲーム機	0.0	0.0	0.0	0.2	4.6	7.1	7.2
	携帯型ゲーム機	0.4	0.6	1.1	1.3	7.3	9.0	17.5
家で食事をしている間	テレビ番組（録画を含む）	15.8	31.5	34.6	36.6	37.4	38.0	38.2
	ビデオ・DVD	1.9	5.8	9.4	9.6	12.6	9.0	9.5
	パソコン	0.0	0.0	0.2	0.4	0.5	0.5	0.2
	タブレット端末	0.2	0.4	0.7	0.4	0.9	0.2	0.0
	スマートフォン	0.2	0.6	0.0	0.9	0.9	0.7	0.5
	携帯電話	0.2	0.4	0.0	0.2	0.0	0.2	0.2
	据え置き型ゲーム機	0.0	0.0	0.0	0.0	0.0	0.2	0.2
	携帯型ゲーム機	0.4	0.0	0.0	0.0	0.2	0.7	0.5
布団やベッドに入ってから寝るまでの間	テレビ番組（録画を含む）	1.9	1.7	2.3	4.7	6.2	5.7	4.0
	ビデオ・DVD	0.2	0.8	1.8	3.6	3.7	3.6	1.5
	パソコン	0.5	0.0	0.2	0.0	0.2	0.0	0.2
	タブレット端末	0.4	1.3	1.8	1.6	1.4	1.0	0.5
	スマートフォン	2.5	3.1	4.8	6.3	4.1	4.0	2.0
	携帯電話	0.2	1.5	0.9	1.1	0.7	1.4	1.2
	据え置き型ゲーム機	0.0	0.0	0.0	0.0	0.0	0.0	0.5
	携帯型ゲーム機	0.4	0.2	0.0	0.9	0.2	1.2	1.5
外出先での待ち時間	タブレット端末	0.5	2.7	4.6	5.6	4.8	5.0	6.2
	スマートフォン	5.3	21.3	27.5	30.8	32.6	28.3	25.2
	携帯電話	0.5	3.1	5.0	4.5	3.4	4.5	4.7
	携帯型ゲーム機	0.4	0.6	0.7	0.9	5.7	11.4	14.7
自動車、電車などで移動しているとき	テレビ番組（録画を含む）	1.6	5.8	6.9	9.8	9.6	10.0	9.7
	ビデオ・DVD	2.5	12.3	18.3	23.7	23.7	24.2	19.2
	パソコン	0.0	0.0	0.0	0.0	0.0	0.0	0.0
	タブレット端末	0.4	2.3	3.7	4.7	4.6	4.3	4.2
	スマートフォン	4.9	15.9	18.1	21.0	20.3	18.3	18.7
	携帯電話	0.4	4.0	3.2	2.0	2.1	3.1	3.0
	据え置き型ゲーム機	0.0	0.0	0.2	0.0	0.5	0.7	0.5
	携帯型ゲーム機	0.4	0.6	0.5	0.9	4.1	6.2	12.0

(注) 1．複数回答。
　　 2．網かけは、20％を超えるもの。
　　 3．（　）内はサンプル数。
出典：表1-1と同じ　p.37表1-5-1

② 遊びの変化と仲間関係の喪失

　上記のような状況を背景として、子どもの遊びはどのように変化してきているのであろうか。小学校入学前の子どもの平日の活動時間をみてみると、図1-7のようにこれまでのような外遊びやおもちゃ遊び、絵本、お絵かき、

第1章 現代社会の子どもを取り巻く今日的課題

テレビやビデオの視聴、ゲーム機に加えて、スマートフォンやタブレット端末の項目が加わっている。表1−3、4のように1週間に友だちと一緒に活動する頻度では、スマートフォンやタブレット端末で活用されるアプリに関しては友だちと一緒に使うことは「ほとんどない」が最も多い。このことから、子どもの活動がスマートフォンやタブレット端末の使用に傾けば傾くほど友だちとの交流時間が減少することが予想される。また、一人でも遊べてしまうことにより、友だちとあえて活動する必要がなくなることによって遊びの孤立化が加速される。さらにアプリは集団遊びが難しいツールであることからも仲間関係自体が不要となる。これらのことからも、今後ますます幼稚園、保育所、認定こども園（以下、就学前施設）での活動以外で子ども同士が仲間関係を形成し集団で遊ぶこと自体が難しくなると思われる。

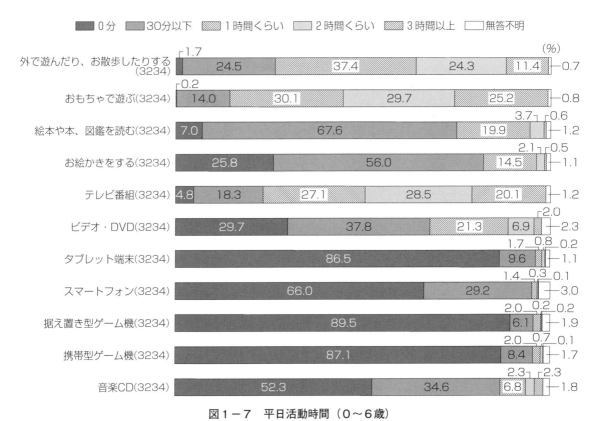

図1−7 平日活動時間（0〜6歳）

（注）1. （ ）内はサンプル数。「0分」には「家にない」を含む。
2. 「外で遊んだり、お散歩したりする」「おもちゃで遊ぶ」「絵本や本、図鑑を読む」「お絵かきをする」は、園での活動を含める。「テレビ番組」「ビデオ・DVD」「タブレット端末」「スマートフォン」「据え置き型ゲーム機」「携帯型ゲーム機」「音楽CD」は家庭での活動を聞いている。

出典：表1−1と同じ p.27図1−3−1

表1－3　1週間に友だちと一緒に活動する頻度（子どもの年齢区分別・就園状況別）

(%)

		1－3歳		4－6歳	
		未就園 (932)	保育園 (370)	幼稚園 (866)	保育園 (342)
外で遊んだり、お散歩をしたりする	ほとんど毎日＋週に3～4日	30.6	93.2	94.8	95.9
	週に1～2日＋ごくたまに	48.5	4.3	3.5	2.6
	ほとんどない	18.8	1.1	0.5	0.3
	無答不明	2.1	1.4	1.3	1.2
おもちゃで遊ぶ	ほとんど毎日＋週に3～4日	32.1	95.9	91.8	97.1
	週に1～2日＋ごくたまに	52.0	2.2	5.9	1.2
	ほとんどない	14.3	0.3	1.0	0.6
	無答不明	1.6	1.6	1.3	1.2
絵本や本、図鑑を読む	ほとんど毎日＋週に3～4日	21.6	93.8	82.1	94.4
	週に1～2日＋ごくたまに	32.7	2.2	13.0	3.5
	ほとんどない	43.9	2.4	3.5	0.9
	無答不明	1.8	1.6	1.4	1.2
お絵かきをする	ほとんど毎日＋週に3～4日	14.6	76.5	77.5	87.7
	週に1～2日＋ごくたまに	34.3	15.1	18.0	10.2
	ほとんどない	49.1	6.2	3.2	0.9
	無答不明	1.9	2.2	1.3	1.2
テレビ番組をみる	ほとんど毎日＋週に3～4日	21.7	47.8	59.6	57.9
	週に1～2日＋ごくたまに	22.1	10.8	11.9	9.1
	ほとんどない	54.2	38.4	26.8	31.3
	無答不明	2.0	3.0	1.7	1.8
ビデオ・DVDをみる	ほとんど毎日＋週に3～4日	15.3	31.6	37.1	35.1
	週に1～2日＋ごくたまに	23.6	21.6	35.6	33.6
	ほとんどない	58.9	44.1	25.8	29.8
	無答不明	2.1	2.7	1.6	1.5
音楽CDを聞く	ほとんど毎日＋週に3～4日	7.0	25.4	10.9	16.7
	週に1～2日＋ごくたまに	18.5	22.4	31.5	25.4
	ほとんどない	72.5	48.9	56.0	55.8
	無答不明	2.0	3.2	1.6	2.0
動画アプリをみる	ほとんど毎日＋週に3～4日	5.3	8.1	8.8	9.1
	週に1～2日＋ごくたまに	9.5	13.8	21.1	23.1
	ほとんどない	83.0	75.4	68.1	66.4
	無答不明	2.1	2.7	2.0	1.5
かなや数、英語、お絵かきアプリ・ソフトを使う	ほとんど毎日＋週に3～4日	2.6	2.7	4.2	5.0
	週に1～2日＋ごくたまに	5.0	9.5	17.3	17.3
	ほとんどない	90.3	84.1	76.7	76.3
	無答不明	2.0	3.8	1.8	1.5
ゲームアプリ・ソフトをする	ほとんど毎日＋週に3～4日	1.3	1.6	11.4	7.0
	週に1～2日＋ごくたまに	5.3	8.4	18.6	18.4
	ほとんどない	91.4	86.2	68.4	72.5
	無答不明	2.0	3.8	1.6	2.0

(注)（　）内はサンプル数。
出典：表1－1と同じ　p.53表1－7－1

第1章　現代社会の子どもを取り巻く今日的課題

表1-4　1週間に友だちと一緒にアプリ・ソフトを使う頻度（子どもの年齢別）

(%)

		0歳後半 (569)	1歳 (521)	2歳 (436)	3歳 (448)	4歳 (438)	5歳 (421)	6歳 (401)
動画アプリをみる	ほとんど毎日	0.5	1.5	4.8	4.2	5.9	4.0	3.7
	週に3～4日	0.2	2.3	4.1	2.7	6.8	3.6	3.5
	週に1～2日	0.5	2.1	3.7	4.2	7.8	7.6	5.2
	ほとんど毎日～週に1～2日	1.2	5.9	12.6	11.1	20.5	15.2	12.4
	ごくたまに	2.8	4.0	10.1	10.9	11.4	13.5	18.7
	ほとんどない	92.6	87.7	75.2	74.8	66.4	69.6	66.3
ゲームアプリ・ソフトをする	ほとんど毎日	0.2	0.0	1.1	1.1	3.7	5.2	6.7
	週に3～4日	0.0	0.0	0.7	1.6	4.1	4.0	7.2
	週に1～2日	0.0	0.6	1.8	3.3	4.8	7.1	9.2
	ほとんど毎日～週に1～2日	0.2	0.6	3.6	6.0	12.6	16.3	23.1
	ごくたまに	0.2	2.1	5.3	8.0	9.4	11.6	13.7
	ほとんどない	96.3	94.6	89.0	82.8	76.5	69.8	61.3
かなや数、英語、お絵かきアプリ・ソフトを使う	ほとんど毎日	0.4	0.4	1.1	1.8	1.6	2.4	2.2
	週に3～4日	0.0	1.0	2.5	1.6	3.2	2.4	1.5
	週に1～2日	0.2	0.4	1.8	4.7	5.3	4.5	4.0
	ほとんど毎日～週に1～2日	0.6	1.8	5.4	8.1	10.1	9.3	7.7
	ごくたまに	1.2	2.9	6.0	6.0	13.2	10.2	14.7
	ほとんどない	94.9	92.7	86.5	82.6	74.9	78.9	75.6

（注）1．網かけは、「ほとんど毎日」＋「週に3～4日」＋「週に1～2日」で10％を超えるもの。
　　　2．（　）内はサンプル数。
出典：表1-1と同じ　p.53表1-7-2

第2節　就学前施設における人間関係づくりの必要性

　第1節でみてきたように、子どもを取り巻く現代社会の問題から、もはや人間関係の発達を家庭や親だけに任せておけるような状態にはないことがわかる。そのため家庭を支え、子ども同士の関わりや仲間関係を育む集団保育の場としての就学前施設の役割がますます重要になってきている。そこにおいて領域「人間関係」の存在意義を見出すこともできる。第2節では、現代社会の問題に対して就学前施設がどのような役割を果たすことが期待されるのかについてみていくことにする。

（1）保護者の人間関係を支える就学前施設

　公園デビューという言葉を耳にしたことがあるだろうか。1990年代中頃にマスコミで使用されるようになった言葉である。子どもが1歳を過ぎたよちよち歩きの頃に、母親が近所のいわゆる公園に子どもを連れ出し、そこに集

まっている母子連れの仲間入りを果たすことを表現したものである。当時は新参者である母親がすでにできあがっている母親たちのグループにうまく同化できないことから、デビューへの失敗を恐れたり、それがさらなる育児不安への引き金になるなどの問題も起きていた。しかし、最近の公園では、母子のグループや子連れの母親の姿はあまり頻繁には見かけなくなってきた。2000年代中頃以降、「公園デビュー」という言葉自体も過去のものとみなされる状況になってきている。

共働きの増加により日中を保育所で生活する子どもが増加したことも一因である。しかし、待機児童の数が相変わらず多い[*6]なかで、家庭で保育されている子どもたちであっても親と一緒に屋外で遊ぶ姿が減少してきているのはなぜだろうか。母親たちは、育児に対するストレスを抱えながら、さらに公園で他の母親たちとの人間関係を結ぶこと自体に煩わしさやストレスを感じるためではないだろうか。「公園いじめ」という言葉で表現される仲間外れの状況への恐れなどから、むしろ早期教育の場などに逃げ道を求めている状況があるのではないかとの見方もできる。しかし、早期教育に関してはその弊害が懸念されていることから、地域で孤立しがちな母親同士の人間関係や仲間づくりを支援するため、就学前施設に子育て支援センターとしての役割が期待されている。

保育所保育指針の「第1章 総則」には、保育所の役割として、入所する子どもの保育とともに、「家庭や地域の様々な社会資源との連携を図りながら、入所する子どもの保護者に対する支援及び地域の子育て家庭に対する支援等を行う」[*7]と明記され、保育の目標にも「保育所は、入所する子どもの保護者に対し、その意向を受け止め、子どもと保護者の安定した関係に配慮し、保育所の特性や保育士等の専門性を生かして、その援助に当たらなければならない」[*8]ことを掲げている。さらに第4章では保護者に対する「子育て支援」として保育所における保護者に対する子育て支援の基本が明示されている。

また、幼稚園教育要領にも、地域の実態や保護者の要請に応じて実施する「教育課程に係る教育時間の終了後等に行う教育活動などの留意事項」として、「家庭との緊密な連携を図るようにすること」「情報交換の機会を設けたりする」など、保護者に対して幼稚園とともに子どもを育てるという意識が高まるようにすることがあげられ、幼稚園でも子育ての相談や情報提供、保護者同士の交流の機会を提供するなど、園外の関係機関と連携して子育て支援に努めることを明記している。

育児不安を背景に孤立化した孤独な子育てがあることはこれまでにも指摘

[*6] 厚生労働省の調査によると、2017(平成29)年4月現在で、2万6,081人にのぼる。

[*7] 保育所保育指針第1章1「保育所保育に関する基本原則」(1)ウ

[*8] 保育所保育指針第1章1「保育所保育に関する基本原則」(2)イ

されている。子育ての悩みを最も共感して話し合えるのは、同様に子どもを育てている母親同士であろう。そのためにも保護者の子育て仲間づくりは重要である。子どもが所属する就学前施設で保育者が保護者同士の出会いや交流のコーディネートを行い、お互いの子育ての経験や悩みを語り合えるような子育て仲間づくりを支援することが期待される。そして、それを通じた保護者自身の豊かな人間関係を土台として、ゆとりある子育てのなかで子どもの人間関係も豊かに育まれていくと考えられる。

(2) 子ども同士の仲間関係を支える就学前施設

子どもは3歳頃になると、家族という小さな血縁集団だけの枠のなかにとどまってはいられなくなる。保護者やきょうだいとは違った遊び仲間との交友を求めていくのが自然である。子どもの数も多く、近隣にそのような遊び仲間的な交友集団が自然発生的に存在した時代とは異なり、少子化で地域社会が衰退している現代社会では、仲間関係を結ぶことすら難しくなってきている。子どもの遊びにとって必要な「空間」「時間」「仲間」のいわゆる三間が不足してきたといわれるなかで、特に「仲間」に関しては、それを近隣や地縁だけに求めるのが困難であることはこれまで述べてきたことからも明らかである。

1998（平成10）年の中央教育審議会「幼児期からの心の教育の在り方について」の答申でも、「現状において遊びはその機会が減少し、屋内での孤立型の遊びが目立つ」[3]と指摘されている。このような遊びの貧困化は何をもたらすのか。菅野幸宏によれば、「遊ぶ子どもは強い実在感をもって対象に関わり、人と同じことをしたり共感しあうという対人関係の最も基本的な在り方を経験することができる」[4]という。幼児期の教育は、遊びによる総合的な活動をとおして、子どもが環境と関わることを基本として行われる。遊びの豊かさが対人関係の豊かさを育むのである。

就学前施設には、子どもが豊かな人間関係を育むことができるよう遊びを多く経験させ、子ども同士の関わりを経験できるような機会をつくっていくことが求められている。機能の低下した家庭や地域社会に代わって、子ども同士の仲間関係づくりを支えることが、就学前施設のますます重要な役目となっていく。そのなかで、領域「人間関係」では、人と関わる力と、自我の育ちに必要な人との基本的な信頼関係を形成する力を養うことをねらいとしている。

子どもが家庭や地域を離れて初めて出会う集団保育の場として、人との関

わりを通じた保育の実践を行うことが、今日の子どもの問題に対して就学前施設が果たすべき重要な役割であり、領域「人間関係」の意義もそこに見出すことができるのである。

【引用文献】
1）住田正樹『地域社会と教育－子どもの発達と地域社会－』九州大学出版会　2001年　p.38
2）同上書　p.40
3）文部省『文部時報（10月臨時増刊号）』ぎょうせい　1998年　p.69
4）菅野幸宏「幼児期の遊びと学習に関する一考察」『弘前大学教育学部』第87号　2002年　p.210

【参考文献】
橋本真紀・山縣文治『よくわかる家庭支援論』ミネルヴァ書房　2011年
服部祥子・原田正文『乳幼児の心身発達と環境－大阪レポートと精神医学的視点－』名古屋大学出版会　1991年
原田正文『子育ての変貌と次世代育成支援－兵庫レポートにみる子育て現場と子ども虐待防止－』名古屋大学出版会　2006年
原田正文『育児不安を超えて』朱鷺書房　1993年
学童保育指導員専門性研究会編『学童保育研究4』学童保育指導員専門性研究会　2003年
福井逸子・柳澤亜希子『乳幼児とその家族への早期支援』北大路書房　2008年
星野政明『新版 子どもの福祉と子育て家庭支援』みらい　2010年
無藤隆『早期教育を考える』日本放送出版協会　1998年

第2章 領域「人間関係」の「ねらい」および「内容」

第1節 幼稚園教育要領、保育所保育指針、幼保連携型認定こども園教育・保育要領の改訂（定）と領域「人間関係」

　2017（平成29）年3月に、「幼稚園教育要領（以下、要領）」「保育所保育指針（以下、指針）」「幼保連携型認定こども園教育・保育要領（以下、教育・保育要領）」が改訂（定）され、2018（同30）年4月より施行された。

　今回の改訂（定）では、幼稚園、保育所、幼保連携型認定こども園（以下、就学前施設）に共通する「幼児教育のあり方」の明確化、乳児期からの発達と学びの連続性、小学校教育との接続のあり方などが示された。そして、幼児教育をより充実していくために、要領、指針、教育・保育要領に共通する内容として「育みたい資質・能力」「幼児期の終わりまでに育ってほしい姿」が示された。

（1）育みたい資質・能力

　幼児教育において育みたい資質・能力は以下の3つの柱によって示されている。

- 豊かな体験を通じて、感じたり、気付いたり、分かったり、できるようになったりする「知識及び技能の基礎」
- 気付いたことや、できるようになったことなどを使い、考えたり、試したり、工夫したり、表現したりする「思考力、判断力、表現力等の基礎」
- 心情、意欲、態度が育つ中で、よりよい生活を営もうとする「学びに向かう力、人間性等」

これら3つの資質・能力は、就学前施設、小学校、中学校、高等学校を通して伸びていくものであり、幼児期においては、遊びや生活のなかで育まれていく。小学校以降になるとこの柱が、「知識・技能」「思考力、判断力、表現力等」「学びに向かう力、人間性等」となり、高等学校まで一貫して育まれるものとなる。

　なお、これらの資質・能力を育むために、保育者は子どもの遊びにおいて「主体的*1・対話的*2で深い学び*3」が実現するようにするとともに、保育者は絶えず指導の改善を図っていく必要がある。

（2）幼児期の終わりまでに育ってほしい姿

　「幼児期の終わりまでに育ってほしい姿」は、要領、指針、教育・保育要領に示されている5領域（健康・人間関係・環境・言葉・表現）を中心とする「ねらい」および「内容」に基づいて遊びや生活が積み重ねられることにより、幼児期の終わりに前項の「育みたい資質・能力」が育まれている子どもの具体的な姿（以下の10項目）を示したものである。

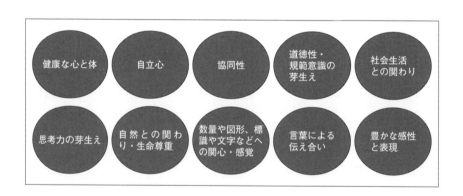

　このうち、領域「人間関係」に関連するものとしては、「自立心」「協同性」「道徳性・規範意識の芽生え」「社会生活との関わり」をあげることができるが、これらは領域「人間関係」のみで育まれるものではなく、また、他の項目についても5領域を中心とするすべての「ねらい」および「内容」に基づく活動を通して育まれていくことに留意する必要がある。さらに、これらの姿は到達すべき目標ではないことにも留意する必要がある。

---

*1　主体的な学び
「周囲の環境に興味や関心を持って積極的に働き掛け、見通しを持って粘り強く取り組み、自らの遊びを振り返って、期待を持ちながら、次につなげる」1)学びをいう。

*2　対話的な学び
「他者との関わりを深める中で、自分の思いや考えを表現し、伝え合ったり、考えを出し合ったり、協力したりして自分の考えを広げ深める」2)学びをいう。

*3　深い学び
「直接的・具体的な体験の中で、『見方・考え方』を働かせて対象と関わって心を動かし、幼児なりのやり方やペースで試行錯誤を繰り返し、生活を意味あるものとして捉える」3)学びをいう。

（3）領域「人間関係」とは

　要領、指針、教育・保育要領には、人との関わりに関する領域「人間関係」が置かれている。この領域は、「他の人々と親しみ、支え合って生活するために、自立心を育て、人と関わる力を養う」観点を示したものである。

　すべての領域で、「ねらい」および「内容」が示されている。ねらいは「就学前施設における教育・保育において育みたい資質・能力を子どもの生活する姿から捉えたもの」であり、内容は「ねらいを達成するために保育者が指導し、子どもが身につけていくことが望まれるもの」である。保育者は5領域の「ねらい」「内容」を十分に理解して、保育活動を進めていかなければならない。

第2節　乳児保育に関わる「ねらい」および「内容」

　2017（平成29）年の指針、教育・保育要領の改定（訂）では、3歳未満児の保育に関わる「ねらい」および「内容」の記述が加えられた。乳児については、発達の諸側面が未分化であることから、「健やかに伸び伸びと育つ」「身近な人と気持ちが通じ合う」「身近なものと関わり感性が育つ」の3つの視点から示されている。このうち、「身近な人と気持ちが通じ合う」という視点では、主に「人間関係」や「言葉」の領域で示している保育内容との連続性をふまえて記載されているため、以下ではその「ねらい」および「内容」を示す。

（1）ねらい

> 安心できる関係の下で、身近な人と共に過ごす喜びを感じる。

　乳児期は人と関わり合いながら生きていくための力の基盤を培う重要な時期である。こうした力を培うためには、保育者が子どもを独立した人格をもつ存在として受け止め、子どもに対して愛情豊かで受容的・応答的な関わりをすることが必要である。そうすることで子どもは安心感を得て、自分の気持ちを相手に表現しようとする意欲も生まれていく。

*4
教育・保育要領では「保育教諭等」。

> 体の動きや表情、発声等により、保育士等*4と気持ちを通わせようとする。

　この時期の子どもは体の動きや表情、喃語(なんご)などで自分の欲求を表現しようとする。保育者がこうした子どもの働きかけに対して受容的・応答的な関わりをすることで、子どもは自分の要求に応じてもらえるということに喜びを感じ、保育者と気持ちを通わせるようになっていく。

> 身近な人と親しみ、関わりを深め、愛情や信頼感が芽生える。

　保育者が日々受容的・応答的な関わりを重ねることで、子どもはより保育者と気持ちを通わせ、関わりを深めようとし、愛情や信頼感が芽生えていく。こうして育った愛情や信頼感が人と関わり合いながら生きていくための力の基盤になっていくのである。

(2) 内容

*5
教育・保育要領では「園児」。

*6
教育・保育要領では「働き掛け」。

*7
教育・保育要領では「言葉掛け」。

> 子ども*5からの働きかけ*6を踏まえた、応答的な触れ合いや言葉がけ*7によって、欲求が満たされ、安定感をもって過ごす。

　保育者は生まれて間もない子どもの声や表情、体の動きなどに対して応答的な触れ合いや言葉がけをし、子どもの欲求を満たしていくことが大切である。こうした関わりによって、子どもは安心感をもって過ごすことができるようになる。

*8
教育・保育要領では「保育教諭等」。

> 体の動きや表情、発声、喃語(なん)等を優しく受け止めてもらい、保育士等*8とのやり取りを楽しむ。

　保育者は乳児の体の動きや表情、発声、喃語等から子どもの気持ちを読み取り、応答的に関わることが重要である。こうした関わりによって、子どもは保育者とのやり取りを楽しんだり、積極的に関わりを求めるようになったりする。

> 生活や遊びの中で、自分の身近な人の存在に気付き、親しみの気持ちを表す。

　子どもは6か月頃には身近な人の顔がわかるようになり、声を出して笑いかけたり、やり取りを盛んに楽しんだりするようになる。子どもはこうした身近な人との関係を基盤として、他の子どもにも感心をもつようになっていく。

> 保育士等[*9]による語りかけ[*10]や歌いかけ[*11]、発声や喃語等への応答を通じて、言葉の理解や発語の意欲が育つ。

　保育者が言葉になる前の子どもの発声や喃語等から子どもの気持ちを読み取り、応答的に関わることで、子どもは安心感、そして心地よさを感じる。こうした関わりの積み重ねが言葉の理解や子どもの発語の意欲につながっていく。

> 温かく、受容的な関わりを通じて、自分を肯定する気持ちが芽生える。

　保育者が温かく、子どもの思いを受け入れる関わりを重ねることによって、子ども自身に自己肯定感が芽生える。こうして芽生えた自己肯定感は、人との関わりのなかで生きていく力の基盤にもなっていく。

第3節　1歳以上3歳未満児の保育に関わる「ねらい」および「内容」

　前節でも述べたが、今回の指針、教育・保育要領の改定（訂）では、1歳以上3歳未満児の保育に関わる「ねらい」および「内容」の記述が加えられた。1歳以上3歳未満児については、領域ごとに「ねらい」および「内容」が示されている。以下では、1歳以上3歳未満児の領域「人間関係」の「ねらい」および「内容」について述べる。

[*9] 教育・保育要領では「保育教諭等」。
[*10] 教育・保育要領では「語り掛け」。
[*11] 教育・保育要領では「歌い掛け」。

（1）ねらい

> 保育所*12での生活を楽しみ、身近な人と関わる心地よさを感じる。

　子どもが保育所等での生活に慣れ、楽しみ、周囲の人と関わりを深めていくためには、保育者の関わりが欠かせない。保育者が受容的・応答的な関わりを重ねることによって子どもとの間に愛着関係が形成され、子どもはそれを基盤に少しずつ自分の世界を広げ、他者と関わっていくようになるのである。

> 周囲の子ども等*13への興味や関心*14が高まり、関わりをもとうとする。

　この時期の子どもは、他の子どもや周囲の人の存在に気づき、興味や関心をもつようになる。そして子ども同士の関わりも徐々に生まれるようになってくる。保育者はそうした子どもの姿を見守りつつも、いざこざが起きた場合などは、保育者が具体的な関わり方のモデルとなるなど、子どもが自分と他者の気持ちの違いに気づけるような援助をしていくことも求められる。

> 保育所*15の生活の仕方に慣れ、きまりの大切さに気付く。

　子どもは保育者の存在によって、次第に保育所等の生活にも慣れ、その生活のなかには決まりがあることに気づいていく。また、遊びのなかで生じた葛藤などを通じても決まりの大切さに気づいていく。その際、保育者は子どもの気づきを大切にした関わりをすることが必要である。

（2）内容

> 保育士等*16や周囲の子ども等*17との安定した関係の中で、共に過ごす心地よさを感じる。

　子どもが保育者や他の子どもたちと共に過ごす心地よさを感じるためには、保育者が温かく、子どもを受け入れる関わりを重ねることが必要である。こうした関わりによって子どもは安心感をもって保育所等での生活を送るようになる。

*12 教育・保育要領では「幼保連携型認定こども園」。

*13 教育・保育要領では「園児等」。

*14 教育・保育要領では「興味・関心」。

*15 教育・保育要領では「幼保連携型認定こども園」。

*16 教育・保育要領では「保育教諭等」。

*17 教育・保育要領では「園児等」。

第2章 領域「人間関係」の「ねらい」および「内容」

> 保育士等[*18]の受容的・応答的な関わりの中で、欲求を適切に満たし、安定感をもって過ごす。

[*18] 教育・保育要領では「保育教諭等」。

　子どもはさまざまな欲求をもって生活しているが、それらが満たされるためには、保育者が子どもの思いを受け止め見守ることや、保育者の思いを子どもに伝えるなどの関わりが必要になる。こうした関わりによって子どもが充実感や満足感を味わい、それがさまざまなことに取り組もうとする意欲にもつながっていく。

> 身の回りに様々な人がいることに気付き、徐々に他の子ども[*19]と関わりをもって遊ぶ。

[*19] 教育・保育要領では「園児」。

　保育所等での生活のなかで、子どもは同年齢の子どもや異年齢の子どもに加えて、高齢者をはじめ地域の方や外国人などに接する機会をもつ。保育者は子どもがさまざまな人に接し、それぞれに異なる個性や特性をもっていることに気づくことができる環境を設定することが大切である。

> 保育士等[*20]の仲立ちにより、他の子ども[*21]との関わり方を少しずつ身につける。

[*20] 教育・保育要領では「保育教諭等」。

[*21] 教育・保育要領では「園児」。

　子どもが遊びを通して他の子どもの存在に気づき、関わりを深めていくといざこざが起きるようになってくる。この頃の子どもはまだ自分の気持ちと他者の気持ちを区別することが難しいため、保育者が仲立ちをしながらお互いの思いを伝えたり、相手の思いに気づいたりすることができるようにしていくことが大切である。

> 保育所[*22]の生活の仕方に慣れ、きまりがあることや、その大切さに気付く。

[*22] 教育・保育要領では「幼保連携型認定こども園」。

　子どもは保育者に受け入れられ、安心感を持って保育所等での生活を送るなかで、次第にその生活に慣れ、決まりがあることや決まりを守ることの大切さに気づいていくようになる。その際、保育者は園生活のなかで子どもが自ら決まりやその大切さに気づいていくように援助することが大切である。

*23
教育・保育要領では「保育教諭等」。

> 生活や遊びの中で、年長児や保育士等[*23]の真似をしたり、ごっこ遊びを楽しんだりする。

　子どもが保育所等での生活を送るなかで、他者の存在に気づき、関心が高まると、年長児や保育者の行動をまねたり、ごっこ遊びで再現したりするようになる。保育者は遊びのなかで幅広い年齢の子どもが互いに関われるよう援助していくことが大切である。

第4節　3歳以上児の保育に関わる「ねらい」および「内容」

　3歳以上児の保育に関わる「ねらい」および「内容」は、要領、指針、教育・保育要領でおおむね共通した記載となっている。以下では、3歳以上児の領域「人間関係」の「ねらい」および「内容」について述べる。

(1) ねらい

*24
指針では「保育所の生活」、教育・保育要領では「幼保連携型認定こども園の生活」。

> 幼稚園生活[*24]を楽しみ、自分の力で行動することの充実感を味わう。

　子どもが就学前施設に入園すると、それまで慣れ親しんできた家庭から離れて、集団生活を送ることになる。子どもにとっては今まで経験、体験した生活やそのリズムが変わることになるので、不安でいっぱいな気持ちになる。そのため保育者は、子どもを温かく見守り信頼関係を築くと同時に、子どもが生活しやすい環境を準備して、安心して活動や生活できる支援を心がける必要がある。
　子どもが園生活を楽しむようになるためには、まず子ども自身が園のなかに自分の居場所を見つけ、安心感を得ることが大切である。子どもが園生活を楽しいと実感し、自分の意思と力で行動することの喜びや充実感を味わうことは、まわりの人たちと積極的に関わりながら生活しようとする意欲を育てるために大切なことである。

> 身近な人と親しみ、関わりを深め、工夫したり、協力したりして一緒に活動する楽しさを味わい、愛情や信頼感をもつ。

　子どもが身近な人たちと関わろうとする意欲を育てる第一歩は、子どもが身近な人たちから受け入れられているという実感をもつことから始まる。自分のことをしっかりと見守ってくれる人がいると感じることは、子どもにとって、豊かな感情を育むために不可欠なことである。
　保育者との信頼関係を基盤にして子ども同士の関わりが深まっていくと、共通の目的のために、工夫したり、協力したりして活動するようになる。時にはお互いの主張がぶつかったり、葛藤したりすることも経験するが、こうした経験を重ねながら子どもは共感や思いやりなどをもつようになる。

> 社会生活における望ましい習慣や態度を身に付ける。

　社会生活における望ましい生活習慣や態度（挨拶・思いやり・感謝・協力・協調等）は、子どもに身につけてほしいものではあるが、その指導には慎重さが求められる。保育者が望ましいと考えても、その価値観を子どもに無理やり押しつけることは、反発を招き、子ども自身がそれらを自分のものにする機会を逸することになる。子どもが集団生活をするうえで、決まりや約束事（ルール）は必要になってくる。しかしそれは、「静かにしなさい」「お口にチャックですよ」などと管理・強制することではない。子どもは、保育者やまわりの友だちとの関わりを深めるなかで、次第に決まりや約束事の大切さに気づいていき、規範意識が形成されていくのである。

（2）内容

> 先生[*25]や友達と共に過ごすことの喜びを味わう。

　子どもは、保育者との信頼関係を基盤として園生活に少しずつ慣れてくると、まわりの友だちと積極的に関わるようになる。保育者は「お友だちと仲良くしなさい」「一緒に遊びなさい」などと、無理やり友だちと仲良くすることを要求するのではなく、子どもの気持ちを十分にくみ取って、そのきっかけをつくっていけるよう、仲立ちなどをしていくことが大切である。子どもは友だちという存在を得て、仲良く遊び、よい関係をつくっていくことで、家庭では味わえなかった就学前施設での集団生活に喜びを感じていくのである。

*25
指針では「保育士等」、教育・保育要領では「保育教諭等」。

自分で考え、自分で行動する。

「自分で考え、自分で行動する」ことは、生きる力を身につけて「自立」していくことである。子どもは集団生活のなかで自分を表現・表出することを学び、人と関わる力をもつようになる。そして、友だちとの遊びや活動、葛藤のなかで自分なりに考え、行動できるようになっていくため、保育者は豊かな人間関係を育んでいけるよう、子どもが直面するさまざまな問題・困難などの場面において、適切な援助をしていくことが大切である。

自分でできることは自分でする。

できなかったことができた喜びは、誰もが経験することである。子どもが何かしようとすると、保育者は失敗するのではないかなどと心配をして過剰支援になることが多いが、最初から何でも上手にできる子どもはいない。また、過剰支援になると「自分でできることは自分でする」という自主性はなかなか育たず、待っていれば先生がやってくれるという気持ちが育つため、子どもが上手にできなくても、手際が悪くても、子どもの好奇心を大切にし、行動を見守りながら必要な援助をしていくことが重要である。自分でやれるという自信は、子どもに充実感や満足感を与え、生活を主体的・意欲的に営む力を育てることにつながっていく。

いろいろな遊びを楽しみながら物事をやり遂げようとする気持ちをもつ。

子どもが遊びを楽しむことは、主体的な活動の原動力になる。子どもは楽しさを感じることによって物事をやり遂げようとしていくが、時には途中でうまくいかなくなることもある。その際に保育者が温かく見守り、必要な援助をしていくことで、子どもは最後まであきらめずにやり遂げることができる。保育者はやり遂げたことの満足感や達成感、喜びに共感する姿勢をもつことも必要である。

友達と積極的に関わりながら喜びや悲しみを共感し合う。

入園当初は気持ちがバラバラであった子どもが、就学前施設でともに生活をするなかで、お互いの存在を認め合い、相手を受け入れていくようになる。仲間同士の連帯感、つまり仲間意識が形成されていくのである。また、友だ

ちのやることがうまくいったときには、一緒になって喜び合い、悲しい思いをしたときには、親身になって心配し、その思いがわかるようになる。こうした感情を共有するためには、子どもがみんなで一緒になって遊び込む体験をすることが必要である。保育者は、お互いのよさを認め合い、思いを伝え合うような機会を遊びや生活のなかで意識的につくっていくことが大切である。

自分の思ったことを相手に伝え、相手の思っていることに気付く。

　子どもは、園生活にも慣れてくると、友だちのことをわかるようになりたいと思うとともに、自分のことをわかってもらいたいと思うようになる。自分の気に入ったものを見せたり、自分の好きな遊びに誘ったりするのは、そうした表れの一つである。子ども同士のコミュニケーション（関係づくり）は、最初は言葉でのやり取りよりも、行動が先になることが多い。そのため、子ども同士の気持ちが通じ合わずに、ささいなことでぶつかり合ってしまうこともある。しかし、そうした経験によって、子どもは自分の気持ちをわかってもらうことの難しさと、言葉が自分の思ったことを伝えるためにいかに大切なものであるかを学んでいく。また、相手の思っていることにも気づいていくようになる。

　保育者は、自分の思いを相手に伝え、また相手の思っていることに気づいていけるよう、子どもの意思伝達の支援者となる役割を果たすことが大切である。

友達のよさに気付き、一緒に活動する楽しさを味わう。

　子どもは遊びと生活をとおして友だちの思いや相手のよさに気づいていく。そしてその子ども（友だち）の特性に応じて関わり、相互理解を図っていくのである。保育者は子ども同士がお互いによいところを認め合いながら関わっていけるよう、言葉かけなどをしていく必要がある。

友達と楽しく活動する中で、共通の目的を見いだし、工夫したり、協力したりなどする。

　子どもは友だちと遊びや活動をするなかで関わりを深めていく。そしてそのなかで、「今日は砂場で大きな基地をつくろう」などと、共通の目的を見

つけ出したり、子ども同士がイメージや思いをもって協力したりしていく姿がみられるようになる。保育者は、子ども同士が多様な関わりのなかで力を合わせて遊びや活動に取り組み、達成感や充実感を味わえるような環境設定や準備をしていく必要がある。

よいことや悪いことがあることに気付き、考えながら行動する。

子どもは、子ども自身の行動や友だちの行動に対するさまざまな反応を得て、よい行動（たとえば、手を洗うときには順番を守る）や悪い行動（たとえば、好きなおもちゃを独り占めして貸さない）があることに気づく。そして、保育者・保護者等の反応に基づいて自分なりの善悪の基準をつくり、それを保育者・保護者等の言動によって確認しようとする。そうした際に保育者は、たとえば「○○君が嫌いだって言ったから、△△君は泣いたんだよ」などと、善悪を明確に示し、子どもが何をしなければならなかったのか、その行動の何が悪かったのかを考えたり感じさせたりする働きかけをすることが必要である。

友達との関わりを深め、思いやりをもつ。

園生活のなかでは、子ども同士の間にしばしば感情や意見のぶつかり合いが生まれることがある。子どもは人として、してはいけないこと、言ってはいけないことを最初からわかっているわけではなく、友だちやさまざまな他者と関わり、相手の立場や考えに気づいていく（保育者が気づかせるような働きかけをすることもある）なかで人間的に成長し、相手を思いやる気持ちなどを育んでいくのである。

友達と楽しく生活する中できまりの大切さに気付き、守ろうとする。

子どもは子ども同士のやり取りや集団活動のなかで、決まりや約束事を守ることができるようになっていき、自己統制力を身につけていく。たとえば、用具の使い方や遊びの順番などをめぐって友だちと意見が対立して遊びが中断し、お互いが不愉快な思いをするなどの経験をするうちに、遊びをもっと楽しく続けるためにはどうしたらよいのかをみんなで相談して（子ども同士での問題解決が不可能な場合は、保育者の支援が必要なときもある）、たとえば「滑り台の順番は並んだ人順でなければいけない」などのルールや決ま

りが生まれ、その大切さがわかり、守っていくことができるようになる。

　保育者は決まりを押しつけるのではなく、子どもが遊びや生活のなかで決まりをつくったり、変更したりする姿を見守り、ときには子どもに考えさせるきっかけを与えるなどの支援をしていくことが必要である。

| 共同の遊具や用具を大切にし、皆で使う。 |

　就学前施設の園庭には砂場・滑り台・ブランコ、室内には絵本・人形・クレヨンなどさまざまな遊具や用具がある。遊具や用具は、子ども同士や子どもと保育者をつなぎ、遊ぶ楽しさや遊びに広がりをもたせてくれる。子どもは遊具や用具を使って遊ぶなかで、それが次第に大切なものになっていく。また、今日遊んでいた人形は、明日は違う友だちが使用することもあるなど、遊びのなかで個人の物とみんなの物があることに気づいていく。保育者は、遊具や用具の活用方法とともに、それらを大切にすることや友だちみんなで使用していくものであることも、遊びのなかで伝えていく必要がある。

| 高齢者をはじめ地域の人々などの自分の生活に関係の深いいろいろな人に親しみをもつ。 |

　都市化や核家族化が進行するなか、世代間の交流が希薄化した現代では、子どもが高齢者をはじめ地域の人々と触れ合う機会が少なくなってきている。こうしたなか、子どもの生活を豊かなものにするため、地域の人々との触れ合いの体験（たとえば、地域で開かれる運動会への参加）、地域の文化・行事に触れる体験（たとえば、七五三行事・文化祭等）など、地域との交流の機会を積極的に取り入れることが必要である。子どもにとって、地域の人々と実際に交流する体験をもつことは重要であり、子どもはその体験のなかから、人がまわりの人たちと関わり合い、支え合っていることを知っていく。そして、こうした体験によって子ども自身の人と関わる力も育っていくのである。

第5節　領域「人間関係」と他領域との関連

　日常的な保育活動において、保育者は「今日の保育は人間関係ですよ」や「今日は言葉を意識した活動をします」などとは言わない。なぜなら、遊び

のなかには5領域すべてが総合的に絡み合っているからである。

　たとえば、「今日は天気が良いのでお外に行きましょう。お外で鬼ごっこをしますよ」と保育者が言うと、「わーい。鬼ごっこだ。やるやる！」と子どもたちは言葉で「鬼ごっこをやりたい」という気持ちを表現する。また、鬼に捕まえられないように園庭を走りまわる。まさに健康の領域である。

　これらの活動をみると、健康・人間関係・環境・言葉・表現の5領域は常に関連し合っていることがわかる。したがって、子どもの成長を促す保育者は、遊びをとおしての指導を中心として、前節までに学んだ人間関係の「ねらい」「内容」はもちろんのこと、他領域の保育の「ねらい」「内容」も考慮して、それらが総合的達成されるよう保育活動を進めていく必要がある。

【引用文献】
1）文部科学省中央教育審議会・教育課程部会「次期学習指導要領等に向けたこれまでの審議のまとめ（第2部）」2017年　p.76
2）同上書1）p.76
3）同上書1）p.76

【参考文献】
厚生労働省「保育所保育指針」2017年
駒井美智子編『保育者をめざす人の保育内容「言葉」』みらい　2012年
汐見稔幸監修『保育所保育指針ハンドブック』学研教育みらい　2017年
内閣府・文部科学省・厚生労働省「幼保連携型認定こども園教育・保育要領」2017年
内閣府・文部科学省・厚生労働省「幼保連携型認定こども園教育・保育要領　幼稚園教育要領　保育所保育指針　中央説明会資料」2017年
文部科学省「幼稚園教育要領」2017年
無藤隆・汐見稔幸編『イラストで読む！　幼稚園教育要領　保育所保育指針　幼保連携型認定こども園教育・保育要領　はやわかりBOOK』学陽書房　2017年

第3章 乳幼児の発達と人間関係

第1節 0歳児から3歳未満児の発達と関わり

（1）人との関わりの始まり

① 子どもの運動発達と大人の働きかけ

　子どもは生まれてすぐに歩くことはできない。毎日の生活は寝ている姿勢で過ごすこととなり、自分自身で身体を動かしたり、移動したりすることもできない。そのため、おなかがすいて泣いて知らせる、排尿について泣いて知らせるなど、子ども自身が感じたことを泣き声によって表現し、周囲の大人に知らせようとする。この泣き声に大人が反応し働きかけることから、子どもへの大人の関わりが始まるといえる。

　もちろん、子どもは自分が泣き声を発することが大人への呼びかけにつながることについて、初めから理解しているわけではない。空腹や暑い、寒いといった身体の不快感、眠りにつく前の安心感がほしいといったことが泣き声によって周囲の大人に理解され、何らかの働きかけがなされることの繰り返しから、泣き声を発するという行為がもつ意味を理解し、自分の思いを知らせるために泣くという行動に結びつけているのであろう。子ども自身が自分の無意識的な行動と大人の反応をとらえ、その積み重ねから意識的な行動として表出されるようになり、またその行動に大人が反応するという相互作用が繰り返され、関係が深められていくのである。

　これにより、子ども自身は身体を動かしたり、移動したりすることができなくても、大人の働きかけによって自分の欲求や思いを叶えていくことが可能となる。自分の欲求や思いを叶えてくれる大人が子どもにとって大切な存在となることも、このやり取りを通じて理解されていくといえる。そして、子どもの心のなかには、これから生きていくうえで重要となり、また土台となる「人と関わる力」が、感覚的ではあるが形成されていくのである。

② 子どもの感覚器官と人との関わり

　大人も泣き声だけに反応して子どもに関わっているわけではなく、自ら子どもの顔をのぞき込んだり、子どものちょっとした表情や身体の動きの変化をとらえ、子どもの思いを推測し、「びっくりしたね」「おもしろかったね」などと言葉で返していく。そして子どもは、視覚や聴覚、触覚など、五感*1をとおして大人からの言葉かけや表情、行動などを理解していく。さらに、これらの子どもの反応を受けとめ、まわりの大人が子どもの感じたことやとらえたことを、わかりやすい言葉、表情や行動によって子どもに返すことによって、子どもはさまざまな事物・事象への理解をより深めていくのである。

　このことは、環境との関わりにおいて、さまざまな情報を認知的な側面から理解したり、出来事に対して生ずる自分の感情について理解することにつながっていく。

　保育者は、子どもと大人の関わりが、生きていくための関係づくりを獲得するだけではなく、社会で生きていくうえで必要となる認知の発達や感情の発達を促していくことも意識し、子どもと関わることが必要である。

> *1　五感
> 目、耳、鼻、舌、皮膚などの感覚受容器をとおして受け取る、視覚、聴覚、嗅覚、味覚、触覚の5つの感覚のこと。

(2) 子どもの言葉の発達と大人の関わり

　子どもは1歳前後に発語をし、その後獲得された言葉を「一語文」(たとえば、「マンマ」「ママ」「ワンワン」など)として発していくようになる。大人はこれまで、子どもの表情、指さしの方向やハイハイ・つたい歩きなどの身体の移動する方向にある事物や動きの様子から、子どもが考えていることや感じていることを推測し、働きかけをしていたが、言葉がそえられることでより深い理解ができるようになる。また、子どもにとっては、理解できるようになった言葉を使うことで、大人とのやり取りにおいて、自分の思いが相手に理解されたことを感じることができ、自分の存在が受けとめられているという安心感が芽生え、大人に対する信頼感が形成される。この他者への信頼感は、将来、社会の一員として生きていくうえでの心の基盤を培うために大切なものといえる。

　子どもの一語文に大人が言葉を返すというやり取りによって、子どもは言葉で思いをやり取りすることの楽しさを感じ、発語意欲も高まっていく。つまり、人との関わりが多くなるほど、言葉の育ちも促されていくのである。また、人との関わりにおける言葉のやり取りも自然に学んでいくことができるといえる。

　子どもは2歳前後から、大人との関わりによって語彙の獲得が進み、さま

ざまな言葉を組み合わせて目の前の事象や事物を表現できるようになり、「二語文」を話すようになる。また、大人の話す内容が理解できるようになり、コミュニケーションを取りやすく、大人とはこれまで以上に言葉によってやり取りをすることが多くなってくる。

　また、2歳頃から認知機能*2における「表象」*3が可能となり、自分の内面でいろいろとイメージをつくりながら、行動するようになる。自分のイメージ通りに行動したいがために、まわりから見ると、自分の主張を強く押し通しているように見えることも多々あるが、認知機能と言葉が発達していること、大人にその主張を安心して表出できることの現れである。このとき、イメージを言葉に表すことができず、つい叩いてしまったり、暴れてしまったりすることが頻繁に起きないようにするために、子どものもつイメージを言葉で表現できる場面を子どもとの関わりのなかで多くすることが重要である。このやり取りの繰り返しは、言語的コミュニケーション能力を伸ばし、やがては、他の子どもと関わるときにイメージを言葉にして相手に伝えるという、コミュニケーションの取り方を学ぶことにつながる。

　0歳から3歳頃までは、身体的な発達、感情や言葉の発達といったさまざまな心身の機能の育ちが、大人との関わりをとおして促されていくといえる。保護者や保育者は、人と関わる力を育てるために「人との関わり」を大切に考えるだけではなく、子どもの身体的な発達や心身の機能の育ちが、子どもの生きる力の源をつくっていくことを理解して、子どもと関わっていくことが重要である。

*2　認知機能
知覚、記憶、学習、思考などの人間の知的活動のことをさす。

*3　表象
ある対象について心（頭）のなかで生ずるイメージのこと。表象が可能となることによって、自分のしたいことを思い描いたり、以前の記憶をもとにイメージしたことを繰り返したり、イメージをもとに他者とやり取りをする活動ができるようになる。

（3）愛着の形成と分離行動

① 愛着の形成

　3歳頃までに人との関わりの基本となる「愛着」は形成される。愛着とは、特定の人との間に形成される心理的な絆のことである。この愛着が形成されることで、人と関わりたいと思うようになり、また人と関わることが楽しく感じ、いろいろな人との関係づくりが広がっていくのである。逆に愛着が形成されない場合には、人と関わることを好ましく思えず、人と関わりをもつことに積極的になれないことが多かったり、関わることに対して不安を感じ過ぎてしまうことがある。そのため、乳幼児期に両親やきょうだいなどの家族との間に愛着を形成することが、人との関わりを広げたり深めたりするための土台になるといえる。

　愛着とは、もともとボウルビィ（John,Bowlby）*4が、母子関係において安

*4　ボウルビィ
イギリスの児童精神医学者。愛着関係が人格形成の基礎となることを提唱した。特に母性剥奪（マターナルディプリベーション）は発達に大きな影響を与えるとした。

*5 エインズワース
アメリカの発達心理学者。ボウルビィの愛着理論をもとに、危機的状況にあるとき、子どもが愛着の対象である親との間で、どのように行動するのかを調べ、親の養育との関係や、子どもに形成される愛着のタイプについて明らかにした。

心感や信頼感を形成することが子どもの発達において重要であるとして提唱したものである。母親が子どもの世話をするなかで、子どもの欲求に応えながら関わることを積み重ねることにより、子どもとの間に心理的な絆が形成され、その心理的な絆が後に子どもがさまざまな人と人間関係をつくっていくための土台として必要であることを示したものである。

その後、エインズワース（Mary,D.S.Ainsworth）*5 らによって、愛着が形成される過程について研究され、おおよそ1歳頃の愛着形成について、個々の子どもが保護者に対して示す愛着行動が異なることがわかってきた。この示された異なる行動を分類すると、身近な保護者の日々の関わり方や子どもの生活環境、保護者自身の育った環境など、子どもの気質や性格なども相互に作用して、愛着が形成されている。

この愛着行動については、図3－1に示すように「ストレンジ・シチュエーション法」という実験場面において測定することができる。この実験では、部屋に知らない人と一緒にいる状況や、部屋に一人取り残されるといった、子どもがストレスを感じるような状況に置かれたときに、保護者に対する行動を引き出し、その愛着行動の様子から、保護者との関わりについて調べようとするものである。そしてその結果、子どもが示す愛着の特徴については、表3－1に示すように安定型、回避型、アンビバレント型に分類されるとしている。また、最近では上記の3つのタイプに分類するのが難しい子どもの行動もみられ、4つ目として、無秩序・無方向型というタイプが示されている。

子どもに対する保護者の対応によって、このようにさまざまな愛着の関係が形成されていくが、かつてはこの愛着が母親との間に形成されるものとし

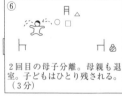

図3－1　ストレンジ・シチュエーションの8場面

出典：繁多進『愛着の発達―母と子の心の結びつき』大日本図書　1987年　p.79

第3章 乳幼児の発達と人間関係

表3−1 子どもの愛着の個人差を生む養育特徴

子どもが発達させる愛着の特徴	養育における親の特徴
安定型（Secure）：親が部屋から出ていくときには、それを止めようとする。親がいない間は泣くあるいは、ぐずり、見知らぬ他者の女性の慰めを少しは受け入れる。親が戻ってくると喜んで迎え、親に抱かれるか、あるいは接触を受けると落ち着く。そして、またおもちゃで遊びだし、親との相互作用をする。	子どもの欲求や状態の変化に敏感であり、子どもの行動を過剰に、あるいは無理に統制しようとすることが少ない。また子どもとの相互関係は調和的であり、親のほうもやり取りを楽しんでいることがうかがえる。遊びや身体的接触も子どもに適した快適さでしている。
回避型（Avoidant）：親との分離に際して、反抗したり泣いたりしない。親がいない間も泣くことはない。そして、見知らぬ女性ともある程度の相互作用が起こる。また、親が戻ってきたときに、親を喜んで迎えるという行動をとらず、ドアのほうをちらっと見る程度でそのまま遊び続ける。	全般的に、子どもの働きかけに対して拒否的に振る舞うことが多いが、特に愛着欲求を出したときにその傾向がある。子どもに微笑んだり、身体的に接触したりすることが少ない。また、子どもの行動を強く統制しようとする関わりが、相対的に多く見られる。
アンビバレント型（Ambivalent）：親が部屋から出ていくときには、泣いて止めようとする。親がいない間も泣きが激しいので、分離時間が短縮されて親はすぐに戻ってくる。親を迎えるが、親が抱き上げると怒って背中を反らし、下へおろせという表示をするが、おろすと抱けという表示をする。つまり、どちらともつかない行動を見せる。情動的な動揺はほとんど収まらないので、そのまま親に接触している状態が続く。	子どもの信号に対する応答性、感受性が相対的に低く、子どもの状態を適切に調整することが不得意である。応答するときもあるし、応答しないときもある。子どもとの間で肯定的なやり取りができるときもあるが、それは子どもの欲求に応じたというよりも、親の気分や都合に合わせたものであることが多い。結果として、応答がずれたり、一貫性を欠いたりすることが多くなる。
無秩序・無方向型（Disorganized）：上記3タイプに分類不能だとされる、養育者への近接に矛盾した不可解な行動を見せるタイプ。親が戻ってきた場面に、後ろずさる、床に腹這いになり動かない、突然のすくみ、場違いな行動、親に対するおびえ、近接したいのか回避したいのかわからないどっちつかずの状態が長く遷延、などの行動を示す。	養育者が、子どもにとって理解不能な行動を突然とることがある。たとえば、結果として子どもを直接虐待するような行為であったり、あるいは、わけのわからない何かにおびえているような行動であったりする。そのような子どもにとってわけのわからない親の行動や様子は、子どもに恐怖感をもたらす。そのため、子どもはなすすべがなく、どのように自分が行動を取っていいかわからなくなり、混乱する。

出典：遠藤利彦『発達心理学の新しいかたち』誠信書房　2005年　p.198を一部改変

て理解されていた。しかし、今日では母親だけではなく、父親や祖父母などの家族、あるいは身近な保護者との間に形成されることで、子どもが健全に育っていくことも可能であると考えられている。

子どもの健全な発達には、母親を含めた特定の養育者の存在、子どもからのサインに応える特定の養育者の関わりが重要である。子どもに関わる大人は、愛着が形成されるような環境づくりを心がけることが必要であるといえる。

② 自立と依存

子どもは形成された愛着をもとにして、自分のまわりの環境に働きかけていく。たとえば、知らない人が自分の目の前にいるとき、保護者の表情や言葉から、知らない人が自分にとって危険な存在かそうでないかを判断する。あるいは、目の前のおもちゃに触ってみたものの、それでよかったのかどうかといった判断も、保護者の様子から推測したりする。また、おもちゃで楽しく遊んでいたのに急に動かなくなって怒ったり泣いたりして、大人のもとに行き、訴えようとする行動などは、すべてその保護者が子どもにとっての基地になっていることの現れである。

子どもは1歳を過ぎる頃から、自分の足で移動することができるようになり、好奇心をもってさまざまな事物・事象に向かっていく。ドキドキしながら「なんだろう」と向かっていける好奇心の支えとなっているのは、「大丈夫」と見守っていてくれる大人の存在であり、その大人との間に形成されている信頼関係なのである。愛着が形成されているから、自分の思いに沿って行動でき、近くに保護者がいなくても、自分の興味関心のあることに向かっていくという、保護者からの分離行動が可能となる。もちろん、恐怖や不安を感じたら、保護者のところに戻り、心の安定を取り戻したのちに、再び自分から行動するという繰り返しが3歳頃までには多くみられる。

この分離行動は、愛着の形成のもとに可能になるのであり、そのなかで子どもは自立できるようになる。子どもが毎日の生活のなかで、自分で行動できるようになるためには、いつでも依存できる、甘えられる場所が確保されているという確信があること、すなわち保護者との間に愛着が形成され、自分を受けとめてくれる存在があることを子ども自身が理解できていることが重要であり、保護者にはそのような存在でいることが求められている。

3歳頃までの大人との関わりが、単に人間関係という視点からだけではなく、子どもの行動のあり方に影響し、その後の子どもの育ちに影響を与えることを、子どもと関わる大人はしっかりと受けとめておかなければならない。

第2節　3歳児の発達と関わり

　3歳頃になると、身体的な能力も発達し、子どもは次第に保護者から離れて他者と積極的な関わりをもつようになる。また、3歳頃から自己主張も増加してくる。そのため、たとえば、玩具の取り合いや遊びのイメージの違い、ルールや約束事を守れないことなどで、子ども同士でのトラブルやけんか、葛藤を経験するようになる。しかし子どもたちは、トラブルやけんか、葛藤の経験を積み重ねることによって、他者に興味もったり、他者の存在に気づいたりして集団のなかで成長していく。また、そのような経験のなかで、徐々に他者の思いやイメージを知り、他者の要求を認めたり、共有しながら関わりを広げていくのである。そして、そのような関わりから集団遊びが盛んになっていく。

　また、3歳頃になると「多語文」として、いろいろな言葉を組み合わせて文章にし、これまで以上に言葉でのやり取りが可能になっていく。あるいは、接続詞を使って文と文をつなげて表現できるようになり、この頃には大人とのやり取りもスムーズに行われ、生活のなかで自然な会話を行うことができる。大人は子どもが頭のなかで考えていること、イメージしていることを言葉からとらえられなくても表情や状況などから推測して、子どもの求めている対応を行動で返す、時には表現しきれないことを言葉で付け加えながら対応することが可能であるが、子ども同士のやり取りでは、お互いに発話の力も理解する力もまだまだ乏しいために、自分の思いをまだ十分に伝えられないことや相手の思いをくみ取れないことも多い。そのため、子ども同士の関わりにおいては、先にも述べたように、互いにかみ合わないなかで遊びが続けられていたり、思いがぶつかり合うこともしばしばみられる。

　子ども同士の関わりが始まるこの時期には、子ども同士で関係を築いていけるように、第1節で述べた認知機能としてあげられる表象と言葉の発達が促されること、頭に浮かぶイメージをより適切な言葉で表現できるようにするために、保護者や保育者が子どもの伝えたいことを代弁したり、子どもが語彙の獲得や言葉の使い方、表現の仕方などを学ぶ機会を多くすることが必要である。この体験は、自分の内面のイメージを言葉で伝え、また相手の言葉から相手の内面をイメージし、相互のやり取りを行うことができる力を養うことにつながり、子ども同士だけで関わることの増える4・5歳児において、仲間とのよりよい関係を構築するうえでの基盤となる。

第3節　4歳児・5歳児の発達と関わり

　4歳から5歳頃になると、認知機能の発達も進み、言葉でのやり取りもかなりスムーズに行えるようになるため、自分の思いやイメージを言葉で表現できるようになる。会話によってさまざまな場面を調整できるようになるため、友だちの意見を聞く、我慢する、譲ることなどができるようになる。そして、このような関わりのなかで人と関わる力を育んでいくのである。

　また、大人のように理論的に筋道を立てて物事を考えたり、とらえることはできないにしても、自分なりに筋道を立てて行動するようになるため、他者との関わりにおいても、自分の思いや感情だけで行動することが減ってくる。たとえば、これまで自分の思いのみで行動してきたために、他の子どもとけんかになってしまった経験から、言葉を選んで使うようになったり、その場の状況をとらえて自分の行動を制御し、待ったり、譲ったりできるようになる。また、ルールや約束事についても理解できるようになる。しかしその一方で、自分の思いを抑えることができないこともまだまだ多く、目の前の状況をどのようにとらえ、行動するのかによって、子ども同士の関わり方も変わってくる。

　また、認知能力の発達から、他者の得意・不得意、性格などといった人格や特徴・特性について理解ができるようになるとともに、子ども同士の力関係も表れ、仲間同士の関わりにはその影響が生じてくる。以下は自由遊びの場面での事例である。

●事例1　自分の思いと相手の思いを理解する（4歳児）

　三輪車に乗っているA児がクラスの友だち10人ほどでじゃんけんゲームをしているのを見て、ゲームに参加したくなるが、その遊びに加われば、三輪車は人気があるので誰かにもっていかれてしまう。A児は三輪車をあきらめるか、ゲームをあきらめるかという選択をしなければならないことになった。
　するとA児は、じゃんけんゲームに入っていたB児を呼び寄せ、自分の三輪車を貸してあげて、自分はゲームに加わった。ここまでなら、ゲームを選んだということで特に問題もないが、A児は自分の番が終わると、またB児から三輪車を受け取り、乗り始めた。三輪車がなくなったB児は、再度ゲームに加わり自分の順番を待った

が、B児の順番がくる少し前になって、三輪車に乗っていたはずのA児がやってきて、三輪車をB児に渡し、ゲームに入っていった。そして、A児はじゃんけんゲームの出番が終わると、再び三輪車をB児から受け取り、B児はまた並び直してゲームの順番を待った。これが3度繰り返されたときに、保育者がこのやり取りに気がついた。

　子どもの心身が発達し、さまざまな力が身につくことによって、関わりのありようも多様になってくる。それが、よい関係につながることもあれば、場合によっては事例1のような関係になってしまうこともある。
　4歳頃から「友だち」という関係も広がり、5歳児になれば、気の合う仲間とはさらに深い関係をつくるようになるであろう。4歳から5歳頃には、他者の理解、気持ちに共感できる力、イメージをもとにやり取りする力などを子ども同士の関わりのなかで学んでいくことが大切である。大人は、子ども同士で関われるようになると目を離して、その様子をとらえないままでいることが増えてくるが、まだまだ人との関わりについては学ぶ段階であることを認識し、必要な場面では、他者の気持ちや立場が理解できるように支援したり、子どもの心を支える役割を果たしていけるようにしたいものである。

【参考文献】
正高信男『0歳児がことばを獲得するとき－行動学からのアプローチ－』中央公論新社　1993年
濱名浩編『新時代の保育双書　保育内容人間関係』みらい　2009年
無藤隆『協同するからだとことば－幼児の相互交渉の質的分析－』金子書房　1997年
Howes,C.,Hamilton & Philipsen, L.C.「Stability and continuity of child-caregiver and child-peer relationships.」『Child Development』69 1998年

第4章 遊びのなかで育つ人間関係

第1節 乳幼児期における遊びの意義

　子どもにとっては、生きることが遊ぶことであり、また遊ぶことは生きることでもあり、遊びと生きることそのものとは分かち難い世界を生きている。子どもにとって遊びは生活の中核をなす重要な営みとなる。特に乳幼児期における遊びは人との関わりのなかで広がっていく。「ひとり」から次第に「保育者と一緒」になり、「保育者と一緒」から「友だちと一緒」へと変化を遂げていく。その過程で子どもたちは、ただ楽しいだけではなく、葛藤や困難をも乗り越えていき、まさしく「生きる力」の基礎を培う体験を積み重ねていく。

写真4-1　友だちと一緒

● 事例1　「おまけのおまけの汽車ポッポ」（3歳児）

　A児が通う園ではブランコの順番を代わってもらいたいときに、「おまけのおまけの汽車ポッポ」と唱えることが流行っていた。A児もよくこのセリフを口にしていた。
　ある日の給食の後、A児は「おなかが痛い」と悲痛な表情で保育者に訴えた。しかし保育者は、A児に熱もなく、顔色もよく、時々おなかが痛いことを忘れている表情もあったことから、保健室に誘導し様子をみることにした。
　しばらくすると、A児はベッドのなかから弱々しい声で「おまけのおまけの汽車ポッポ、ポーとなったらかわりましょ…　ポッポ〜

> のおまけ」と繰り返し唱えはじめた。そして次第にＡ児の声は大きくなり、「かわりましょ… ポッポ〜の、なぁ〜おった！」と言い、保育者にも「先生、おなか痛いの治った！」と言った。

　Ａ児は腹痛を感じて、悲痛な表情で保育者に訴えた。痛いと感じたことがＡ児を不安にさせ、Ａ児にとっては困った事態であったことだろう。保育者に誘導されて保健室のベッドで横になったＡ児は、ちょうど呪文や魔法の言葉を唱えるように、このセリフを最初は弱々しく唱えていた。しかし、この呪文・魔法の言葉を唱えているうちに、Ａ児が痛いと感じていた腹痛は治っていった。自らの不安や困難を乗り越えようとすることは容易なことではない。しかし、子どもたちは、このような言葉遊びをとおして、気持ちを切り換えたり、自らの事態を変えていく力ももっているということがいえるのではないだろうか。「かわりましょ… ポッポ〜の、なぁ〜おった！」はまるで、Ａ児が自分自身に「もう大丈夫！」と確認するように言ったのではないだろうか。おなかが痛くて不安な自分、困った自分を言葉遊びで変え、自分自身を仕切り直してまたいつもの自分に戻っていく。それは揺れ動きながらも、遊びをとおして自分自身を生きていく小さな一場面を見ているようで、たくましささえ感じられたのだった。

● 事例２　「えへへ。わざと転んだんだよ」（４歳児）

> 朝、園バスから降りて駆け出した途端、Ｂ児は派手に転んだ。むっくり起き上がった顔はあまりの痛さに泣き出しそうであった。しかしＢ児は、転んだところを見ていた友だちの方を見ながら、「えへへ。わざと転んだんだよ」とおどけて笑った。

　保育者が見ていて、わざとではないことがすぐにわかるほど、Ｂ児は派手に転んだ。しかし、「わざと転んだんだよ」とまるで自分自身に言い聞かせるように言い切った表情は、痛さで泣き出しそうな顔から一転し、おどけて笑って、まるで何事もなかったような表情になった。起こってしまった不測の事態に、泣き出しそうな自分を奮い立たせていく魔法の言葉は、「わざと転んだんだよ」だった。自分で故意にしたことであるから、自分は泣いたりしないのだと言い聞かせる言葉でもあったのだろう。もしこの場にＢ児一人しかいなかったら、当然泣き出していただろう。しかし、友だちが見ている

前で転んで泣き出してしまう自分を、4歳になったB児のプライドが許さなかったのではないだろうか。それは取りも直さず、友だちを意識して、友だちから認められたいB児の思いの表れであろう。そもそも園バスから転がるように駆け出したのは「友だちのなかで今日もがんばってみたい」というB児の意欲の表れだったのではないか。

おどけるとは、「おもしろおかしく演じる」という意味がある。痛さから泣き出しそうな自分ではなく、仮の姿を設定し演じて、自分自身を奮い立たせていく姿が遊びの場面でも多くみられる。

● 事例3 「赤ちゃん、産まれました」(3歳児)

> 母親のお腹のなかにいる赤ちゃんがもうすぐ産まれることが楽しみな様子のC児。「Cはね、お姉さんになるの」と誇らしげに言っている。そんなC児がぬいぐるみを並べて、「赤ちゃん、産まれました。女の子でした」と何度も繰り返し遊んでいた。保育者は母親の出産予定日を知っていたので、C児に「Cちゃんちの赤ちゃんは、もう産まれたの？」と尋ねた。するとC児は「赤ちゃん、産まれました。あぁ!! まだだった」とずっこけるポーズでにやりと笑った。

C児は赤ちゃんが産まれることが楽しみな様子であった。なぜならば、自分はお姉さんになるのだから待ち遠しくてたまらない。しかしながら、3歳児のC児に時間感覚は乏しく、その出産予定日を想定することはできない。そこで、その思いは事例にあるような遊びのなかで表現される。あまりに楽しみであるから、未来のこととして現実から隔てておくことが難しいのだろう。現実としてはまだ産まれていないことはわかっているが、やがてくる未来を現実に重ねて、願いを遊びのなかで実らせている。

このような、C児の姿は、ままならない現実を乗り越えて、自らの願いを叶えようとする姿でもある。今井和子はそのことをふり遊びの効果として説明している。「すなわち○○したつもりになるという虚構の遊びの世界をつくって、現実と虚構の世界を重ねることで、自分の思いを果たし、現実をくぐり抜けていくのである」[1]。C児は赤ちゃんが産まれたつもりになって、誕生を待ちきれない思いを遊びのなかで表現し、願いを実らせていたのであった。

C児のこのような姿は、やがてくる「自分はお姉さんになる」という役割を担うための緊張と葛藤を、遊びのなかで解き放しているとも理解すること

ができる。子どもの遊びを丁寧に見ることで、今その子どもが抱えている内面世界を垣間見ることができる。

　このように乳幼児期の遊びには、子ども自らの「今の思いを実らせていきたい」という、自発的な意欲に彩られた意味がある。「こうなりたい」「○○したつもり」「やってみたい」といった意欲を子ども自らがもつことは、保育者が提案する一方的な関係からの活動では難しい。なぜならば、「こうなりたい」「○○したつもり」「やってみたい」といった意欲は、その子どもの主体性そのものだからである。人間関係というと、どうしても人との関わりをイメージしがちであるが、人との関わりを取り結んでいく基点はその子ども自身である。その子どもの主体性を尊重するところから、人と関わる力が育っていくことを理解したい。

写真4－2　わたしがとったの！

第2節　遊びと乳幼児の育ち

　生まれて間もない乳児のときから、子どもたちは遊ぶことをとおして発達を遂げていく。それは一見、大人のもつ「遊ぶというイメージ」とは異なる姿の場合もある。では、大人のもつ「遊ぶというイメージ」との違いをみせる乳児期の遊びとはどのようなものだろうか。

●事例4　ガラガラの玩具（4か月児）

> 　D児の母親と保育者が話していると、D児の機嫌がわるくなり顔をしかめて、今にも泣き出しそうな声を出した。そこで母親はガラガラの玩具をD児に渡した。D児はそれを握ると、しかめていた顔を好奇心で満ちた表情にして、ご機嫌な声を出して遊び始めた。D児の母親は、「一人で遊んでくれるようになって、だいぶ子育てが楽になりました」と言う。

　乳児の場合は、このように、一人で声（クーイングや喃語）を出していることも、手を動かしてみることも、寝返りをしてみることも、遊びととらえ

*1 感覚遊び
「聞く、触れる、見るなどの五感の機能を使って遊び、その行動のなかで感覚器官を発達させていく遊びをいう。手の機能が発達し、物を握ることができるようになると、ガラガラ、おしゃぶりなどで遊ぶ。まわりにあるものを手にとったり触って口にいれたりして感覚を感じ、快、不快の感覚を育てることができる遊びのことである」[2]

ることができる。これらは感覚遊び[*1]と呼ばれるものである。

一見、一人で遊んでいるとみられるこれらの姿に大人が関わると、さらに遊びを引き出せることがある。たとえば、一人で声を出しているときに、保育者が同じように応答すると、さらにクーイングや喃語を引き出すことができたり、保育者が「ここまでおいで」と呼ぶと、寝返りを連続させて移動し、抱っこしてもらうと、喜ぶ姿が見られたりする。また「同年齢の他児と一緒に笑いあったりする姿をみせるようになる」[3]など、関わりのなかで遊ぶ姿も見られる。

このように、乳児期における遊びには、一人での感覚遊びと、他者と関わるなかでのやり取りの遊びがある。特に乳児期は特定の保護者・保育者との心地よい関係のなかで、「人が心地よいという」[4]快の経験を積み重ねることが大切である。

● 事例5 「いないいないばあ」（9か月児）

> 引き戸の開け閉めを覚えたE児は、しきりと開けたり閉めたりを繰り返していたが、ある日、開けたときに母親の姿が見えると声を出して笑い出し、閉めてはまた開けて、待ち構えていたかのように笑い出した。閉めている間は母親の姿が見えないのだが、まるで吹き出す笑いを堪えるかのような笑顔であった。E児がつくり出した「いないいないばあ」の遊びにようやく気がついた母親が応じていたが、同じことの繰り返しに母親が飽きてしまっても、E児は20分ほど続けて遊んでいた。

*2 愛着（アタッチメント）
第3章p.39参照。

このように、生まれて間もない乳児が次第に他者との関わりのなかで、ある特定の保護者、保育者に愛着（アタッチメント）[*2]をもち、応答的なやり取りを体験することで信頼関係が築かれていく。この事例のように、引き戸を開けたときに見える人が不特定な誰かであったら、笑い声を出すことはないであろう。引き戸を開けたときに見える人が「Eくん、おむつがぬれて気持ちわるいって泣いているのね。今すぐ取り替えるね」などと、E児が生まれてからずっと自分の要求を心地よい快の状態にしてくれた人だからこそ、笑い声が出たのであろう。子どもは、信頼できる重要な他者との信頼関係を基盤として、自らさらに広い世界へと探索行動を繰り広げていくのである。なお、保育所保育指針（以下、指針）、幼保連携型認定こども園教育・保育要領（以下、教育・保育要領）における乳児保育の「ねらい及び内容」でも、

「身近な人と気持ちが通じ合う」という視点から、乳児からの働きかけを周囲の大人が受容し、応答的に関与する環境の重要性が記載されている。

津守真が、「子ども自身の本質があらわれるような遊びがあること、すなわち、子どもが十分に遊ぶことができるということは、あたりまえのようでありながら、簡単なことではない。それには大人の支えが必要である」[5]と述べているように、保護者・保育者には子どもの遊びを支える重要な役割があるといえる。

● 事例6　新聞紙くしゃくしゃ（1歳2か月児）

> 　F児が新聞紙を触るときに出る「くしゃくしゃ」という音のおもしろさに夢中になって遊んでいた。G児はその様子を見て、F児の隣に座り、同じように新聞紙を触り始めた。「くしゃくしゃ」と音がするとにこっと笑顔になり、G児はF児を見た。F児はそれには気づいていないが、目の前にあった新聞紙を2人は気の済むまでくしゃくしゃにした。

F児とG児はこの遊びの何におもしろさを感じていたのであろうか。大人は新聞紙を読むものととらえ、音の出るものとして楽しむことは日常的にはない。しかし、F児とG児にとってみれば、その「くしゃくしゃ」という聴覚刺激や触覚刺激が楽しかったのである。その物のもつ本来の機能をとらえる大人と、遊びの対象としてとらえる子どもとでは違いがあると考えてよい。子どもの遊びを丁寧に見てみると、このようにその物の本来の機能とは別の側面に気づかせてくれる機会になることがある。

このエピソードでは新聞紙だが、スーパーのビニール袋やティッシュの箱も子どもの格好のおもちゃになることがある。F児が夢中で遊んでいる様子を見て、自分もやってみたい、楽しそうだなと感じたであろうG児は、その隣に行って同じことをした。2人は言葉を交わしたり、顔を見合わせたりはしていないのだが、ともに響き合っていることが考えられる。

子どもが2人以上で実際に言葉や表情で、ともにやり取りしながら遊ぶという姿は目に見えるので、関わりを認識しやすい。しかし、そのような関わりの前に、ともに感じ合いながら、それぞれが傍らに存在するという状況がある。直接的な交渉も、やり取りもないが、傍らに在り、響き合い、影響を受け合っているという過程があることを確認したい。

第3節 コミュニケーションの場としての遊び

指針には、3歳以上児の保育について、「仲間と遊び、仲間の中の一人という自覚が生じ、集団的な遊びや協同的な活動も見られるようになる」[*3]と示されている。また領域「人間関係」の内容の取扱いには、「子どもが互いに関わりを深め、協同して遊ぶようになるため、自ら行動する力を育てるとともに、他の子どもと試行錯誤しながら活動を展開する楽しさや共通の目的が実現する喜びを味わうことができるようにすること」[*4]と示されている。では、園生活の現場ではどのような姿となって現れているのか考えてみる。

*3
指針第2章3「3歳以上児の保育に関するねらい及び内容」(1) ア

*4
指針第2章3「3歳以上児の保育に関するねらい及び内容」(2)「イ　人間関係」(ウ) ③

● 事例7　「Hちゃんの！　取っちゃダメ」（3歳児）

> H児は保育室で一人でぬいぐるみを寝かせて遊んでいた。その後、邪魔をしたり、取ろうとしていないのに、「ダメ！　取っちゃダメ。Hちゃんのでしょ！」と、たまたま近くにいたI児に言い寄った。I児は目を丸くして立っていた。

4月に入園したH児はぬいぐるみを寝かせて遊んでいた。一人で遊んでいるのだから、まるで一人遊びのようにみえるが、果たしてそうだろうか。H児は一人で遊んでいるようにみえるが、実は保育室という場で、まわりの子どもたちを意識しながら遊んでいるのである。だから近くにいたI児に「ダメ！　取っちゃダメ。Hちゃんのでしょ！」と自己主張をしなければ気がすまなかったのだろう。もし周囲に誰もいなければ、H児は自己主張することはないであろう。

園という場で遊ぶということは、おのずと周囲の他者を意識しながら遊ぶことになる。そこに人との関わりが生まれてくる。あえて「ダメ！　取っちゃダメ。Hちゃんのでしょ！」と言い出すところに、他者との関わりのなかで自己主張したいH児の強い欲求がみえてくる。

しかし、H児の自己主張は関わりたい欲求だけが先走り、まだ一方的であるがために、自己主張を向けられたI児はあ然としてしまう。H児が、I児との双方向で自己主張をやり取りするためには、I児の様子から、「あれ？取ろうとはしていなかったの？」などと自己主張を見直していかなければならないであろう。仮に、もしここでI児が「Ｉは、何もしていないよ」と言ってやり取りができれば、H児の気づきはさらに促されたかもしれない。

遊びをとおして、仲間との関係を育んでいく最初の始まりでは、子どもの、関わりたい欲求の先走りが認められる。関わりたい欲求の先走りは、さまざまな様子をみせて広がっていく。そこには、他者を意識せざるを得ない園という場の特性も加わってくる。

●事例8　「立っちゃダメ！」（3歳児）

> バス通園をしているJ児は、「園バスのなかでは立っちゃダメ」という約束を覚えたことがうれしい様子で、よく独り言でも言っていた。
> ある日、園バスの車内で隣に座ったK児に、「園バスのなかでは立っちゃダメ」と言った。しかしK児は座っていたため、「わたし立ってないよ」と言った。するとJ児は「立っちゃダメなの！」ともう1度言ってK児の頬をムギュッとつねった。K児は泣き出し、J児はそれを見て驚いた表情をして、その後自分も泣き出した。

　この事例は、一見すると遊びとは無関係のようだが、子どもが新しく覚えたことを、友だちとの関わりのなかで表現したいという気持ちを映し出している。同じ生活を送り、同じ状況（園バスの車内）を生きる友だちだからこそ、関わりをもちたいのである。先の事例7と同じように、関わり方は一方的な自己主張ではあるのだが、さらにやり取りがつながった事例である。

　J児は約束事を覚えたことがうれしく、その喜びの勢いで「園バスのなかでは立っちゃダメ」とK児に言ったのだが、K児には「わたし立ってないよ」と言われてしまう。J児は覚えた喜びをK児に伝えたかったのであろう。J児にとってK児が立っているか座っているかよりも、約束を覚えた喜びを伝えたかったのだから、事実の照合は疎かになる。約束を覚えた喜びがK児にうまく伝わっていないことにJ児は苛立ったのかもしれない。J児は苛立った思いでK児をつねって泣かせてしまい、自分がいけないことをしてしまったことに気づかされて、自らも泣き出すのであった。

　関わりたいという欲求は、言い換えれば、関わりのなかで自己主張したいという表れである。関わりのなかで自己主張した結果が際立った事実（相手の子が泣き出す）となってJ児に迫ったときに、J児自身もまた大変驚いている。J児にとっては全く想定外のこのような体験を積み重ねることで、自己主張の出し方や収め方、折り合いのつけ方など、人との関わり方を学んでいくのである。

● 事例9　「早くやりたかっただけなの」（4歳児）

> 　保育者が、園庭にさまざまな遊具とそれぞれの遊具の脇にスタンプを置き、その遊具で遊べたらスタンプを押して、次の遊具に進むという冒険ランド遊びを提案した。保育者は子どもたちに1列に並んでもらい、スタンプ台紙を配布していたが、L児はその列の先頭にいきなり割り込み、並んでいた友だちを押し倒し泣かせてしまった。
> 　その場で見ていた他の子たちが「ダメだよ、Lくん。いけないんだ〜」と言うと、L児は両腕をめちゃくちゃに振り回した。その腕が他の子どもたちの顔にあたり、今度はその子どもたちも泣き出した。L児は「いいんだよ、いいんだよ、ぼくが一番なんだよ！」と涙を目に浮かべ叫ぶ。その騒動に保育者が気づき、L児を下から覗き込みながら「Lくん、本当はどうしたかったの？」と静かに尋ねた。するとL児は、「早くやりたかっただけなの…」と答えた。保育者は、「そう、Lくんは早くやりたかっただけなんだよね。わかったよ。じゃあ、どうすればよかったかな？」と再度L児に尋ねた。L児は涙を腕で拭きながら「並ぶ…」と小さくつぶやき、列の最後尾に歩いていった。

　保育者が提案した冒険ランド遊びに、L児はとても興味を抱いた。そして、やってみたいという意欲が強くなり、L児の身体を突き動かしたのだろう。順番の概念はそれまでの園生活で少しずつ育っているのだが、4歳児ではまだまだ遊びたい意欲が強いと順番の概念が吹き飛んでしまうこともある。
　このような場面で保育者がL児の行動にだけ注目すると、L児はさらに追い込まれることになる。先頭に割り込んだこと、友だちを泣かせてしまったことは決してよいことではない。しかし、そのことだけを保育者が取り上げると、L児はさらに自分を見失ってしまうだろう。行動の発端となった内面の思いを保育者が丁寧に引き出すことで、L児自身が自分の思いを改めて確認すること、そして、そのことをまわりの、特にとばっちりを受けた友だちが共有することが大切である。
　発端となった「早く遊びたい意欲」を表現する方法は不適切であったが、ではどうしたらよかったのかを保育者が問うと、L児は自ら答えることができている。わかってもらいたい本当の気持ちを保育者に受け止めてもらうことで、自分を取り戻すことができるのだ。このような経験を積み重ねること

によって、待ちきれない思いを抱いたときでも、L児は衝動に耐えうる順番の概念を自己に定着させていき、体得して、次はきちんと並ぶことができるようになるのではないか。

　この事例からもわかるように、保育者は教えることを急がずに、子どもの行動面から一歩踏み込んだ内面への支援が重要である。指針にも「子どもが保育士等との信頼関係に支えられて自己を発揮する中で、互いに思いを主張し、折り合いを付ける体験をし、きまりの必要性などに気付き、自分の気持ちを調整する力が育つようにすること」[*5]と示されている。保育者が「本当はどうしたかったの？」と問いかけた背景には、何の理由もなく他の友だちを泣かせるということをL児はしない、というL児への信頼がある。それは、普段からのL児との関わりのなかで積み重ねてきた信頼である。そしてL児は、その問いに言葉で自分の思いを伝えることができた。

　しかし、言葉にできない子どもも幼児期には多い。保育者が「なんで泣いているのか、言葉で言わなくてはわからないよ」と育ちを促すことがある。その必要性は確かにある。しかし、強い情動の最中にいる子どもに自己の状態を説明することを求めるだけでなく、保育者は内面を推し量り、予測を立てたり、子どもが自己を取り戻す「間」を用意するなど、多様な支援を模索したい。子どもの「わかってもらいたい本当の気持ち」がどこにあるのかを探し続けることが求められる。

*5
指針第2章3「3歳以上児の保育に関するねらい及び内容」（2）「イ　人間関係」（ウ）⑤

● 事例10　「さっきはごめんね」（5歳児）

　　日頃から泥だんごづくりで仲良く遊ぶことが多いM児とN児。N児はいつもおもしろい遊び方を考えるM児にあこがれているようだった。この日も登園してから園庭で一緒に遊んでいたのだが、途中から何かで揉めたらしく、怒ったN児はM児がつくっていた泥だんごを投げつけた。M児が泣き出したため、保育者はM児をなぐさめた。N児は保育者がM児をなぐさめている様子を遠くの木の影から見ていた。保育者はその場でM児が揉めた原因を話さなかったので、それ以上あえて聞かなかった。ただ「せっかくつくったのにね」とだけ声をかけて、泣き止むまで側にいた。
　　N児はその後M児から離れてフラフラと園庭を歩いていた。それから入室して朝の会が始まり、室内活動をした後、再び園庭で遊ぶことになった。先程のことが気になっていた保育者がM児とN児を探すと、2人は再び仲良くしゃがみこんで泥遊びをしていたので、

> 保育者は「今度は何をつくっているのかなぁ」と覗き込んだ。すると N 児が「これね、ホットケーキだよ。先生、ぼくね、M くんに謝ったんだ」とサッパリした表情で言った。保育者が「そう。えらかったね」と言うと、N 児は「うん!!」と元気よく答えた。

　M 児のつくった泥だんごを投げつけた N 児は保育者に叱られなかったが、泥だんごを投げつけてしまったこと、M 児を泣かせてしまったことを覚えていて、すっきりしない思いを抱えていたことがわかる。なぜなら、N 児は保育者から尋ねられたわけでもないのに、自分から「ぼくね、M くんに謝ったんだ」と話しているからである。いけないことをしたが、謝ることができ、M 児に許してもらえたことで気持ちが晴れ、うれしくなったのかもしれない。保育者に認め直してもらいたいという気持ちもあったのだろう。

　自分のしたことを振り返り、行動を修正し、よりよい関係を取り結んでいく N 児の心のなかに流れていた時間に保育者は深く共感し、「えらかったね」とだけ言った。また、2 人が揉めた原因を保育者は把握していないが、日頃から仲の良い 2 人を信頼してあえて原因を尋ねなかった。

　実は保育現場ではそれぞれの子どものそれぞれの体験が同時進行で流れている。保育者は決して N 児だけの心のなかの時間経過に注目していたわけではなく、クラス担任として全員の子どもたちに配慮している。保育者は先ほどの M 児と N 児の一件が気になっていて、再び園庭に出たときに M 児と N 児の遊んでいる傍らに居合わせたからこそ、N 児からの報告を受けることができた。N 児から「M くんに謝ったんだ」と報告を受けることで、初めて N 児の心のなかに流れていた時間（いけないことをしてしまったけど、また M くんと仲良く遊びたい。謝らなくちゃ。許してくれるかな）の意味を思い知らされたのだった。保育者の N 児に対する理解はこのようにして深まっていくのである。

　保育者が N 児に対して自分から謝まれたことに称賛を込めて「そう。えらかったね」と N 児の心のなかに流れていた時間に意味を付与し、認めることは、保育者が N 児に対する理解を深めるためにも重要な意味がある。そして同時に、N 児にとっては、M 児への気まずい思いを乗り越えた意味があり、

写真 4-3　2 人は仲良し

第4章　遊びのなかで育つ人間関係

保育者は自分をわかってくれていたという信頼感を感じる意味もある。

それぞれの子ども一人一人に、同時進行でさまざまな関係性が取り結ばれているため、保育者が子どもの体験の意味を把握できるのは、実はほんの一部なのかもしれない。葛藤もある、誤解もある、思いのすれ違いもある。しかし、それらも含めて、子どもたちがその関係性を生きることが楽しい、おもしろい、となれば、それは生きる力になっていくのではないだろうか。保育者は、その支援をしながら子どもたちとともに歩む役割を担っているのである。

● **事例11**　「ひまわり組の道路工事」（5歳児）

> ひまわり組では卒園を前にして砂場での道路工事遊びが続いていた。2月といえども気温が10度を超える日は必ずといっていいほど、砂場に大きな道路工事の現場がつくられる。
> この日も「海へ行く高速道路をつくるぞ！」という掛け声とともに始まった。スコップで道路を形づくる子ども、路面を滑らかにする子ども、ひたすら隅っこで拡張工事をする子ども、海をつくる子ども、水汲み専門の子ども、海に島をつくる子ども、パイプのトンネルを工事する子ども、パイプの水漏れ対策専門の子ども、男女の分け隔てなく15人位がお互いのイメージを交換しながらつくっていた。誰も指示をせず、誰からも指示されないなかで、自分のイメージを形にして、それが友だちのイメージと重なり合い、道路工事現場となって一体感を生み出していた。砂の感触や形状の変化などの多様性と可塑性*6が遊びの土台となって、そこに自己を十分に発揮する姿と友だちと響きあう姿が重なり合っていた。
> その遊びを見ていた2人の保育者のうち、新任保育者の1人は「1年経つとこんなに成長するのですね」と言い、2人の保育者は、大人ではまねできない、子どもの遊びが織り成す世界の素晴らしさに感動して、しばらく見とれてしまうのであった。

*6　可塑性
変形しやすい性質のことをいう。

遊びそのものに子どもの興味をひきつける魅力があることが重要であり、この事例では砂遊びがそれに相当する。「道路工事」というテーマに沿って、まず子どもが自己を伸び伸びと発揮し、自分のイメージ（路面を滑らかにしたり、拡張工事をしたり、水汲みをしたり、海をつくったり、島をつくったりなど）を出して、砂遊びのなかでそれを表現している。これを縦糸としよ

う。一方で、友だちとつながり合う醍醐味、それは葛藤や困難やイメージのズレなども含めてであるが、友だちとの関わりがある。これを横糸としよう。一人一人の子どもを育てること、そして同時に集団を育てるとは、このような縦糸と横糸をどのように編み込むかが重要になってくる。それぞれの子どもの自己充実（縦糸）と、友だちとの関係性が充実していくこと（横糸）は相反するものではない。重なり合い、響き合い、どちらも相互に充実し大きなダイナミズム（そのものがもつ力強さ・迫力）となって、子どもたちは育ち合っていく。その姿に保育者は感動させられて、保育者もまた子どもとともに育っていくのである。そのためにも、土台である遊びをいかに用意するのか（環境構成）、遊びにどのような方向性が与えられるのか（保育のねらい）は、保育者の役割として大いに求められるところである。

写真4-4　ほら、見てごらん

【引用文献】
1）今井和子『なぜごっこ遊び？-幼児の自己世界のめばえとイメージの育ち-』フレーベル館　1992年　p.190
2）保育小辞典編集委員会編『保育小辞典』大月書店　2006年　p.56
3）阿部和子『子どもの心の育ち-0歳から3歳-』萌文書林　1999年　p.26
4）同上書　p.79
5）津守真『子ども学のはじまり』フレーベル館　1979年　p.8

【参考文献】
鯵坂二夫監修、寺見陽子編『こころを育てる人間関係』保育出版社　2001年

【写真協力】
学校法人山下学園　二葉幼稚園

第5章 幼児期の環境構成や人との関わり

第1節 幼児期の体験に必要な"環境"とは

(1) 保育現場における環境の重要性

　乳幼児期の子どもは、日々の生活のなかでさまざまな環境と出会い、ふれあい、関わりを深めながら成長していく。この環境とは、「周囲の事物、特に子どもをとりまき、それと相互作用を及ぼし合うものとしての外界」[1]であり、「幼児が〜をしたいという動機や興味が発生する要因である」[2]というように、環境が一方的に子どもへ刺激を与えるだけでなく、子どもの内なる興味・関心を引き出す外界としてとらえることができる。また、ただ単に子どもの周囲に存在しているだけではなく、子どもの主体的な関わりを生み出す対象となることで、初めて環境としての意味をなすと考えられる。

　このように、子どもは周囲の環境との関わりをとおして、豊かな体験が積み重ねられ、生きる力の基礎を培っていく。そこで、生活や遊びのなかで子どもの人間関係の育ちを考える際には、さまざまな事象との関わりをとおして人との関係性を構築していくことをふまえると、"環境"は欠かせないものであるといえる。幼稚園教育要領（以下、要領）や保育所保育指針（以下、指針）および幼保連携型認定こども園教育・保育要領（以下、教育・保育要領）には、保育者と子どもの信頼関係を基盤としながら、「計画的に環境を構成すること」や「環境を通して保育を展開すること」が明記されており、環境との関わりをとおした保育の重要性が提言されている。

　また、2017（平成29）年の要領や教育・保育要領の改訂を受け、子どもが身近な環境に主体的に関わるなかで、「環境との関わり方や意味に気づき、これらを取り込もうとして、試行錯誤したり、考えたりすること」を保育者が意識しながら環境を整えていく重要性が明記されている。したがって、このような幼児期の教育における見方・考え方を生かしながら、子どもの好奇

心を駆り立てたり、心が動かされたりするなど、身近な環境が持ち合わせている意味を保育者は十分に理解・吟味することが大切である。そのうえで、人との関わりが生み出される環境構成のあり方を意識しながら、デザインしていく必要があると考えられる。

（2）子どもを取り巻く環境とは

　子どもを取り巻く園内外の保育環境は、大きく分けて以下の３つがあげられる[3]。

> ・**物理的環境**
> 　物理的環境は、「自然環境」と「人工環境」に区分される。「自然環境」には、園で栽培している花や野菜、昆虫や飼育している動物、園庭の木々や砂・里山・池など、四季折々の変化を体感できるようなあらゆる自然があげられる。また、「人工環境」は、自然以外の物理的な物（子どもの発達にふさわしい玩具や遊具、さまざまな素材や道具・教材など）や、設備（保育室やトイレ・園舎など）、室内空間（机やコーナー・壁面装飾やカーテンなど）、身のまわりの生活用品（食器やタオル・衣服など）といった多くのものが含まれる。このほかに、時間や空間（温度・採光など）も物理的環境として位置づけられる。
> ・**人的環境**
> 　保育者・友だち・子ども集団・園内の職員・ボランティアの人など、園生活を送るうえで関わり合う人々すべてが対象となる。また、園生活以外においては、家族や親戚、地域住民なども人的環境に含まれる。
> ・**社会的環境**
> 　消防署・警察署・郵便局や、図書館・商店街・福祉施設・公園など、子どもが生活を送るうえで密接に結びつくような地域社会などがあげられる。

　保育者は、以上のような多種多様な環境に目を向け、人との関わりが生み出されるような豊かな体験ができる環境構成に努めながら、乳幼児期の人間関係の構築を支えていくことが重要である。

第2節 環境との関わりから生まれる幼児期の人間関係

　それでは、さまざまな環境のもとで子どもの人間関係を育むためには、実際にどのような環境構成に配慮をしていけばよいのだろうか。ここでは、子どもが物・人・社会・自然などの環境と具体的に関わる事例をとおして、幼児期の人間関係を育むための環境構成について考えてみる。

（1）物との関わりをとおして

● 事例1　「ぼくたちのコマ、強い！」（5歳児）

　　登園して間もなく、A児は保育室内のロッカーの引き出しからコマとひもを取り出す。そして、一人でじっくりと硬く巻き、指にひもをはさむと「3、2、1、ゴー、シュッ！」と言って、勢いよくコマを放つ。それを見たB児は、「ぼくもやる」と言い、A児のコマをめがけて自分のコマを放つ。お互いのコマが互いに回り続け、先にB児のコマが止まり倒れる。A児は「やったぁ！　ぼくのコマ強い！」と喜んで、自分のコマを自慢する。
　　すると、B児は、「よーし！　バトルフィールドをもってくる！」と言って、"コマ回し台（コマの戦いの場）"を廊下から両手で抱えてもってくる。そして、「ここで勝負しよう！」と言うと、再び掛け声をかけて、2人で投げ合う。囲いのなかでくるくると回るコマを見合いながら、「今度はぼくの勝ち！」とB児が喜ぶ。するとA児は、「いいこと考えた！　こういう使い方もあるよ」と言って、

写真5-1　ぼくのコマ、強いよ

写真5-2　バトルフィールドで勝負だ

台を両手で抱えてふわっと持ち上げ、コマを浮かす。すると、2つのコマが台の上で跳ねながら、しばらくの間回り続け、最後はA児のコマが勝つ。「やったぁ！　ぼくたちのコマ、強い！」と、A児は喜ぶ。

今度は、その様子をそばで見ていたC児・D児も、コマを箱から取り出して「ぼくも勝負したい！」と言って、ひもを巻きながら遊びに加わる。A児は、「よーし、この4人でバトルだー！」と大きな声で叫び、再び勢いよく「3、2、1、ゴー、シュッ！」と声をかけ、4人でコマ回しを始める。

写真5-3　4人で勝負しよう

① 物に対する子どもの興味・関心や、物が秘めている魅力を把握する

　子どもは、さまざまな物と関わって遊ぶなかで、その特性に気づいたり、「こうしてみたい」という意欲を高めたりしながら、「生活の中で、様々な物に触れ、その性質や仕組みに興味や関心をもつ」[*1]ことや、「身近な物や遊具に興味をもって関わり、自分なりに比べたり、関連付けたりしながら考えたり、試したりして工夫して遊ぶ」[*2]ことができるようになる。事例1では、A児がひもをじっくりと硬く巻きながら、「長く回し続けたい」という気持ちをもって遊んでいる様子がみられる。保育者は、子どもの物に対する興味・関心を見つめること、そのなかで工夫や学び等の育ちを感じ取ることなど、言わば"子ども理解[*3]"を出発点として、人との関わりを生み出すための環境を構成することが重要である。

　また、物が子どもたちの目にどのように映っているのかを把握するよう心がけるなど、保育者のしなやかな感受性も求められる。たとえば、子どもにとってのコマの素材感、ひもの長さや太さ・柔らかさ、子ども同士の遊びがさらに発展できるような他の道具など、物が秘めている意味や価値を吟味しながら魅力ある環境を周囲に構成することで、他の子どもたちも積極的にその環境に関わるようになり、子ども同士の人間関係が芽生えるきっかけとなりうる。そのためにも保育者は、日々の継続的な教材研究をとおして、子どもにとって有益な応答性のある教材とは何かを考えて工夫しながら、意図的に整えていくことが求められる。

[*1] 要領第2章「環境」2内容（2）

[*2] 要領第2章「環境」2内容（8）

[*3] 子ども理解（幼児理解）
子どもの心情や意欲などの内面や内実世界の豊かさをよく知り、理解しようとすること。

② 子どもの主体性と保育者の意図性を考慮しながら、環境を精選する

　事例1では、B児がもってきたコマ回し台という新たな物理的環境をきっかけに、一人遊びの世界から友だちと遊びを楽しむ世界へと発展している。また、その光景が周囲の子どもたちにも魅力的に映り、子ども同士の遊びが広がりをみせている。この何気なく廊下に置いてあるコマ回し台も、子ども同士の関わりを生み出すように保育者の意図が込められた大切な環境として位置づいており、床に置いて遊ぶ台としてだけでなく、持ち上げてみたり、浮かせてみたりして、子どもが自ら工夫を凝らしながら、友だちと遊びを楽しむ世界へと発展していくことを間接的に支えている。このように、子どもが主体的に環境と関わるなかで自ら工夫しながら展開していく力を保育者は信じ、子どもの主体性と保育者の意図性のバランスを考慮しながら、子どもの動線[*4]を見通した環境構成に配慮することが望ましいだろう。

　物理的環境を構成する際、周囲にあふれるほどの環境を整えすぎると、いろいろな物がありすぎてどこを拠り所にすればよいかがわからなくなる場合がある。また、逆に閑散としていると、子ども同士の協同的な遊び[*5]に発展することが難しくなってしまったりする。重要なことは、目の前の子どもたちの関わりを促すためにふさわしい物理的環境は何かということを常に考え、その善し悪しを吟味しながら、子どもたちの人との関わりを支えるために適切な環境を精選[*6]することである。

＊4　子どもの動線
子どもが行動しようとする動きの道筋のこと。行動を予測し、見通しを立てながら、その道筋を整理してとらえていくことが大切である。

＊5　協同的な遊び
単に子どもが仲良くしたり一緒に活動したりするだけではなく、共通の目的に向かって子ども同士が話し合ったり工夫し合うなど、協力し合いながら深めていくような遊びのこと。

＊6　環境の精選
子どもにとっての体験の価値を見出し、その体験を豊かにするために特にふさわしい環境を選ぶこと。

（2）人との関わりをとおして

●事例2　「先生のコマと勝負だ！」（5歳児）

事例1のように遊んでいた子どもたちのもとへ、保育者がコマをもってやってくる。「よし、先生もやろう。この巻き方は何かな？」と巻いている姿を見せながら子どもたちに問いかけると、B児が「石の巻！」とうれしそうに叫ぶ。「そうだね。石の巻で巻くよ」と言って、保育者が硬くひもを巻き、「3、

写真5-4　先生も一緒にやるよ

2、1、ゴー、シュッ！」と言って5人でコマを放つ。保育者のコマの方が先に動きが弱まって倒れてしまい、B児とA児のコマが勝

ち残る。すると、A児は全体を見渡し「もうちょっと広がって！」と叫んで、コマが回せる広いスペースをつくるよう周囲の友だちに促す。保育者は「今度は石の巻より強く巻くよ。その名も鉄の巻！触ってごらん」と言って、さらに硬くひもを巻いたコマを子どもたちに見せ、もう一度コマを投げる。しかし、A児のコマが保育者のコマに当たって勝ち残り、「やった！　鉄の巻に勝った！」とA児が喜ぶ。

　すると保育者は、「こうなったら仕方がない」と引き出しから神ゴマ（神様のように一番強いと言われているコマ）を取り出す。「先生の勝ちはこれで決まったぞ」と保育者がコマを投げると、C児がそのコマに当てるように自分のコマを投げ、保育者のコマを飛ばす。保育者が、「あっ、飛ばされた！　Cくんが飛ばそうとねらっているなんて、気がつかなかった」と残念そうにつぶやくと、A児が「先生、ラストチャンスだったのに」と言ってニコッと笑う。

　保育者は、B児とA児のコマを持ち上げてみんなに見せ、「地面に着くところがでこぼこしていると、動き回ったりするから、ちょっとしたバランスが大切なんだ。先生のコマはね、もってみるとわかるけど、軽いんだ。木とかじゃないから、飛ばされるとすぐに弱くなってしまうんだよ」と、コマの特徴を説明する。

写真5-5　この2つのコマ、見てごらん

① 保育者も重要な人的環境の一部

　遊びには、子ども同士で関わり合う遊びや保育者との関わりを楽しむ遊びなどさまざまな形態があるが、保育者が子どもの遊びに直接参加することによって、周囲の子どもたちも関心を示し、遊びに対する共有意識が高まることがある。事例2では、保育者自身がひもの硬い巻き方を示したり、軸のバランスに注目するように見せたりして、コマが長く回り続けることができるための新たな気づきを促している。このように、保育者が目の前の玩具や素材を単なる「物」としてとらえず、その魅力を理解してさらに引き出すことによって、子どもにとっての物の意味も変化する。そして、その意味を共有し合うことによって、保育者と子どもとの関係のなかで、また子ども同士の

関係のなかで、新たな関わりが生み出されていく。

　また、保育者がその場の雰囲気を作り出したり、遊びに参加したりすることは、「先生のように～してみたい」というあこがれを抱くきっかけにもなる。保育者は、子どもにとっての重要な人的環境の一部であることを自覚し、まずは子どもとの安定した信頼関係を築くこと、そして保育者自身がモデルとなる存在であることを意識しながら、子どもを取り巻く人的環境をとらえていくことが重要である。

② 子ども同士の関わりを生み出すような物理的・人的環境への配慮

　保育者が環境を整えていく際に、遊びへの興味・関心の深さや現在の子ども同士の関係性を丁寧に読み取り、環境構成のあり方や保育者自身の関わり方を考えることで、子ども同士の関わりをさらに生み出していくことが可能となる。たとえば、物の数や量を調整することで、子ども同士でともに遊びを深めたり、逆に取り合いなどのいざこざが起きたりすることがある。また、実際にいざこざが起きた際に、保育者がお互いの気持ちを伝え合うように仲立ちをしたり、相手の思いに気づくことができるよう促したりすることで、子どもは他者との思いの違いを知るきっかけを得たり、どうしたらよいかを考えるという体験ができたりする。

　このように、保育者は、目の前で繰り広げられると予想される遊びの道筋や友だち同士の関わり方を見つめ、子ども同士の関わりのなかで今何を育てたいのかを常に意識しながら物理的環境を構成したり、保育者自身が積極的に子どもたちに関わって人的環境を整えたりすることが重要である。このようなきめ細やかな配慮のもと、子どもは自分と友だちの考えの違いに気づいたり、気持ちを伝え合う方法を考えたりしながら、徐々に人との関わり方について学んでいくことができるだろう。

（3）社会との関わりをとおして

●事例3　「大丈夫だよ、練習だからね」（3歳児）

> 　入園して2度目の避難訓練の日のことである。初めての訓練では、避難の際に迷子になって他のクラスの友だちに紛れてしまい、大きな声で泣きながら動揺していたE児が、今日は「練習だよね？」と前回の経験を確認しながら、穏やかな表情で臨む。
> 　火災報知機が鳴る前に、保育者が「おさない・はしらない・しゃべらない」の"おはしのやくそく"に関する地震の紙芝居の読み聞

かせをすると、Ｅ児は「おさない…、はしらない…、しゃべらない…」と何度も指を折りながら繰り返しつぶやき、「先生、ぼくね、前に練習したから覚えているよ」と笑顔で言う。だんだん時間が経つにつれ、Ｅ児の隣に座っていたＦ児が不安そうな表情を見せ、「先生、やっぱりこわい…」と少し涙ぐむ。するとＥ児は、「Ｆちゃん、大丈夫だよ。練習だからね」と声をかけながら、Ｆ児に寄り添い、優しく頭をなでる。そして、保育者に向かって「先生、ぼくね、安心してるの」と笑顔で微笑む。しかし、実際に火災報知機が鳴り出し、職員室から放送が流れると、真っ先に泣き始めたのはＥ児であった。
　保育者が泣いているＥ児の隣に寄り添い、手をつなぎながら園庭に避難する。その後、消防車の放水活動が始まると、Ｅ児の涙は止まり、夢中になってその様子を眺めている。「あのお水で幼稚園は壊れないのかな？　壊れたらね、ぼくのパパが幼稚園を直してくれるの」とＥ児はＦ児に話しながら、Ｆ児と一緒に質問したり握手を求めたりして、自ら消防士に関わっていった。

① 地域社会という環境との出会い

　子どもたちは、地域のなかで育ち、生活を送る主体者としてさまざまな社会的環境と出会う機会がある。そのなかで、地域の実情に目を向けて、関心を示したり、心を揺さぶられたりしながら、地域社会について知っていく。このように、公共の施設の利用や地域の人々の訪問・来訪をとおして、地域社会との関わりをもつことで、「生活に関係の深い情報や施設などに興味や関心をもつ」[*7]ことができるようになる。

*7
要領第２章「環境」２内容（11）

　事例３のように、地震や火事に関する情報を得る、園内の火災報知機や消火器の存在を知る、消火活動を行うための消防車や放水活動の様子を実際に見るなどの直接的な体験をとおして、子どもは安全かつ安心した園生活を送る主体者として、災害時における対処方法を学ぶだけでなく、その生活を支える地域社会に関心をもつことができるようになる。子どもが"地域のなかで生きている"という実感を伴った豊かな生活経験が得られるような環境を保育者が整えることは、地域社会と密接につながり生活を営んでいることを知るうえで重要である。

② 地域社会で働く人との出会い

　地域社会で生活を営むさまざまな人との出会いは、地域社会を知ると同時に、地域の人との関わりを生み出す。たとえば、消防士・警察官・郵便局員

や、図書館司書・商店街の人・福祉施設職員など、地域社会を支えるさまざまな人の存在を知り、関わる機会を得ることによって、地域の人とのつながりのなかで生きていることや、さまざまな人々に支えられて生活していることを徐々に理解していく。子どもが地域の人々に関心をもてるような環境との出会いを保育者が意図的に整えていくことで、身近な地域の人との出会いや関わりが生まれ、子どもにとっての人的環境がさらに広がっていくだろう。

（4）自然との関わりをとおして

● 事例4 「アブラゼミ、見つけた！」（4歳児）

写真5-6 アブラゼミ、捕れるかなぁ

G児が砂遊びをしていると、H児が園庭の木にとまっていたセミを見つけ、「あっ！ セミだ」と声をあげる。その声を聞いたG児は「どこどこ？」と言いながら、セミを見つけ「いた、いたー！ アブラゼミだぁ！」と喜ぶ。「うーん、どうやって捕ろう？」と考えていると、H児が「そうだ、いいこと考えた！ そこにある台をもってきて、それに乗って、ポンって飛んで捕ればいいんじゃない？」と提案する。すると、G児は近くに置いてあった台を木の下に一人で運び、その上に立って捕ろうとする。しかし、背伸びをして手を伸ばしても届かないことがわかると、「そうだ、網でもう1回やってみよう」と、急いで虫捕り網を取りに行く。

台に登り、虫捕り網を何度か振ると、セミに当たって飛んでいってしまう。G児は、「あー、いっちゃった…」と一瞬残念そうな表情を浮かべるが、再び虫捕り網をもって「ほかにはいないかな」とまわりの木を探し始める。その様子を見たH児やI児も、G児の後をついて一緒に探すが、セミを見つけられず、G児は「もう…、どこにもいない」と言って、諦めて虫捕り網を片付ける。

しばらく経ってから、G児が「あっ、またいた！」とセミを再び見つける。そこへ通りかかった園長先生に「園長先生！ アブラゼ

ミ、いた！」と大声で知らせると、「虫捕り網をもっておいで」と言われ、大はりきりで虫捕り網を取りに走っていく。急いで戻ってくると、逃げそうになったセミを園長先生がそっと捕まえて待っていた。園長先生からセミを手渡されると、G児はうれしそうにそっと指でつかみ、大喜びする。

写真5-7　ようやく捕まえた！

　その後、しばらくセミを眺めて、「見て、足折れてるよ」とセミの足が1本動かない様子をH児・I児に見せる。そして「こっちをもたないといかんなぁ」とセミの羽根を両脇から優しく押さえて左手で持ち直す。すると、ずっとセミに興味をもちながらも怖がっていたI児が、「ねぇ、ちょっとだけ、触っていい？」と言い、G児に差し出されたセミにそっと指を近づけ、ツンツンと軽くセミを触り、優しく羽根をつまむ。I児は、自分でセミを触ることができ、うれしそうにニコッと微笑んでから、再びG児に手渡す。その後、G児はセミをつかんで、「わぁーっ！」と言いながら近くの保育者や友だちに見せに行き、驚かしたり、追いかけたりして遊び始めた。

写真5-8　ちょっとだけ、触っていい？

① 身近な自然に出会い、親しみ、好奇心や探究心を育む環境

　子どもは身近な自然にふれる機会をとおして自然のすばらしさを感じ、全身で自然を感じ取ることで豊かな心を育んでいく。事例4のG児のように、セミを「捕まえたい」という意欲を駆り立てたり、足が折れていることに気づいて羽根を優しくもちかえたりする様子から、セミに対する好奇心や探究心、いたわりの気持ちなどが芽生えつつあることがわかる。

　このように、主体的に自然に関わることで、「自然に触れて生活し、その

大きさ、美しさ、不思議さなどに気付く」*8ことや、「身近な動植物に親しみをもって接し、生命の尊さに気付き、いたわったり、大切にしたりする」*9ことができるようになる。そして、このような体験が、周囲の友だちや保育者とその気づきを共感し合う経験へとつながっていく。保育者は、乳幼児期における自然の価値を理解して、子どもたちが五感をとおして直接自然にふれる体験を保障し、身近な自然との関わりを深めるなかで子どもの発見や感動が生まれるような環境を構成することが求められる。

*8 要領第2章「環境」2内容（1）

*9 要領第2章「環境」2内容（5）

② 自然と関わるなかで、ともに感動する心を伝え合う関係づくり

子どもは、積極的に自然と関わるなかで、感じたことや発見したことをまわりの友だちや保育者に伝えたり、共感してもらったりすることに喜びを感じ、自然との関わりをさらに深めようとする意欲を高めていくことがある。一見、大人の目から見ると何気ないことでも、子どもの世界観では不思議さやおもしろさであふれている事象もある。保育者が、子どもの発見やつぶやきなどを目や耳や心で感じながら、子どもの感動を理解し、それを伝え合い共感し合えるような関係づくりに配慮することで、子どもの豊かな感性が育まれると同時に、自己充実*10を味わう体験へとつながっていく。

また、セミをどうやって捕まえるかを試行錯誤したり、捕まえたセミを友だちと一緒にふれたりする体験をとおして、一つの事象についてともに感動し合う関係が芽生えてくる。このような子ども同士の関わりが生み出される環境を整えるためにも、保育者自身が自然環境に感動する心をもち、自然に対する心情を子ども同士で育むような環境構成に配慮することが望ましいだろう。

*10 自己充実
子ども自身の主体性が発揮されるなかで、子どもが自ら内面の充実感を満たしていくこと。

（5）子どもが人との関わりを構築していく環境構成とは

事例からもみられるように、子どもは生活や遊びのなかでさまざまな環境と関わり合いながら、人との関わりを構築していく。保育者は、子どもの人との関わりを支えていくうえで、以下のようなポイントを意識して環境を構成していくことが重要であると考えられる。

① 安心して関わりを深められる環境の構成

まず、子どもたちが園生活を送るなかで、保育者との温かい信頼関係を構築することが基盤となる。そのうえで、周囲の環境が、安心して生活を送ることができる居場所であること、安全で衛生的な生活空間であること、穏やかにくつろげる温かい雰囲気があること、いきいきと遊びに熱中できるような場や空間があることなどが、人との関わりを深めるうえで前提となる。

たとえば、落ち着いて物との関わりを楽しめるような特定の空間を整えることで、その場が子どもにとって居場所となり、その場にいるだけで安心できることもあるだろう。また、子どもが始めたことを保育者が尊重し、温かい声かけやまなざしを向けることで、子どもが穏やかに過ごすことができ、保育者に見守られている安心感が他への活動意欲につながることもある。このように、子どもにとっての心の拠り所となる保育環境を整えていくことが、子どもが安心して人との関わりを深めていく基盤として重要である。

② 子どもが主体的に関わることができる応答的な環境の構成

子どもは、環境からさまざまな刺激を受けながら育つと同時に、自ら環境に働きかけていく能動的な存在であり、そのやり取りをとおして自己充実を味わい、豊かな心情が育まれる。子どもが主体性をもって周囲と関わるなかで、環境からも刺激や働きかけを柔軟に受けながら、さらに相互作用を深めていくような応答的な環境を、保育者が計画的に構成する必要がある。

環境構成とは、単に物的・空間的環境だけを整えるのではない。保育者が全体の場の雰囲気を見て、保育者自身の動きや子どもの様子、時間の流れやその時々の状況などに見通しをもちながら構成していくことも重要である。たとえば、子どもが触ってみたい、遊んでみたいと思えるような環境を整えることで、子どもたちの主体性を引き出したりすることができるだろう。また、子どもたちの内なる力を保育者が信じることで、子どもが遊びを展開する際に、新たな発見やひらめきをきっかけに主体的に環境を変化させたり、発展したりして、環境の価値を引き出していくこともできるだろう。このように、柔軟性に富んだ魅力ある環境を整えるよう工夫を凝らすことで、人間関係のさらなる広がりが期待できる。

③ 計画性と偶然性を兼ね備えた環境の構成

子どもが環境との関わりをとおして遊ぶ際に、物の取り合いやいざこざなどが起こったり、逆に友だちとともに遊ぶ楽しさを味わったりすることがある。それらは、遊びの空間を共有することによって自然の流れのなかで生まれる人との関わりであり、言わば"偶然性"を持ち合わせた環境である。保育者は、子どもが遊びや生活のなかで環境と関わり合う際に、このような偶然性が常に起こりうることを意識しておく必要がある。

そのうえで、保育者が環境を構成する際には、この偶然性と同時に保育者の"計画性"を交えながら、環境のなかに保育者の意図や願いなどの教育的価値を含ませて設定したり、その時々の状況に応じて環境を再構成[*11]したりして、柔軟に人との関わりを生み出していくことが求められる。保育者が「子どもの人との関わりを支える環境をデザインしていく立場」であること

*11 環境の再構成
子どもの興味・関心が次々と変化したり、予想していた子どもの姿と異なる展開が見られたりした際、環境のあり方を見直し、子どもの心の動きや活動の流れに応じて適切なものとなるように、再び環境を構成し直すこと。

を意識しながら、状況に即した丁寧な子どもの見とりと動線を考慮した環境づくりを心がけることで、子どもは自分と他者との関係について学びを深めていくことができると考えられる。

【引用文献】
1）宮原英種・宮原和子『応答的保育の研究』ナカニシヤ出版　2002年　pp.261-262
2）小川博久『保育援助論－復刻版』萌文書林　2010年　p.47
3）宮原和子・宮原英種『保育を愉しむ』ナカニシヤ出版　1997年　pp.74-81

【参考文献】
大嶋恭二・岡本富郎・倉戸直実・松本峰雄・三神敬子編『保育者のための教育と福祉の事典』建帛社　2012年
倉橋惣三『幼稚園真諦』フレーベル館　1976年
厚生労働省『保育所保育指針〈平成29年告示〉』フレーベル館　2017年
宍戸健夫・金田利子・茂木俊彦監修、保育小辞典編集委員会編『保育小辞典』　大月書店　2007年
内閣府・文部科学省・厚生労働省『幼保連携型認定こども園教育・保育要領〈平成29年告示〉』フレーベル館　2017年
保育者と研究者の連携を考える会編『保育における人間関係』ナカニシヤ出版　2000年
無藤隆・民秋言『ここが変わった！NEW幼稚園教育要領・保育所保育指針ガイドブック』フレーベル館　2008年
文部科学省『幼稚園教育指導資料第3集　幼児理解と評価　平成22年7月改訂』ぎょうせい　2010年
文部科学省『幼稚園教育要領〈平成29年告示〉』フレーベル館　2017年

【写真協力】
社会福祉法人高田福祉事業協会　高田保育園

第6章 保育者に求められている人間関係

第1節 年齢別における保育者との関わり

(1) 乳児期の関わり

　保育所や認定こども園では、基本的に０歳児から入所・入園することが可能である。このような０歳児の多くは、まだ家族のなかでしか生活をしたことがなく、当然のことながら生きていくための食事・排泄など、すべてにおいて保護者の支援を必要とする。つまり、保育者はまさしく保護者に代わって、命を預かり、養育者として関わっていかなければならない。

　０歳児であれ、１歳児であれ、入園してきた子どもは、これまですべてをゆだねてきた母親や家族の者が、全くの他者へと切り替わることに戸惑いをみせる。それは親の存在をしっかりと認識し、保育者との関係がまだ構築できていないという表れでもある。では、乳児期と関わっていく保育者はどのような支援を行い、人間関係を培っていけばよいのであろうか。

　保育者は、まず子どもの目を見て温かな笑顔で抱きしめることである。それでも、子どもは"この人は親ではない"と感じ、泣いたり、叫んだりもするであろう。しかし、ずっと笑顔で自分を見てくれる、あやしてくれる、おしめを交換してくれる、ミルクや食事を食べさせてくれる…、このような日々の繰り返しから、子どもは保育者を"信頼できる他者"と感じるようになっていく。たとえばミルクを飲ませる際に、一人一人を優しく抱っこしながら目を見て行うのと、ベッドに寝かせたまま哺乳瓶をくわえさせるのでは、子どもを一人の人間として尊重し、人として関わるという観点からみても、その意味合いは大きく異なる。また、食事の際には椅子に座って食べることが前提ではあるが、入園した当初は、まず保育者の膝に座って食べさせるというようなことも、保育者の体温、ぬくもりを感じることのできる時間になる。

　このような養護的な関わりのみならず、遊びのなかでも「いないいないば

あ」をしながら子どもと視線を交わす、微笑み合う、子どもが指さした方向に保育者も目を向ける、保育者に絵本を読んでもらう、歌を歌いリズム遊びをするなど、子どもと保育者が同じ遊びをともにする、同じ物へ関心を向けて共有していく関係性をつくることが大切である。

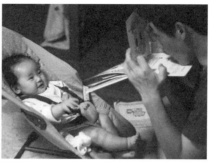

写真6-1 絵本を読んでもらい、遊びを共有する

このような温かい関係は、愛着（アタッチメント）*1を形成することにつながっていくのである。たとえば、入園当初は母親と離れるときに泣いていた子どもが、徐々に泣かずに登園し始めたにも関わらず、保育室で担任の保育者の姿が見えなくなった途端に泣いてしまった、ということが多く見られる。これは保育者と子どもの身体が密着していなくとも、保育者が同じ空間（保育室）にいてくれるだけで子どもは落ち着き、安定しているという裏返しでもある。

*1 愛着（アタッチメント）
第3章p.39参照。

（2）幼児期の関わり

それでは、3歳頃からの関わりには、どのような関係性が必要となってくるのであろうか。子どもは大人との信頼関係をもとにして、子ども同士の関係をもつようになる。この相互の関わりを通じて、身体的な発達および知的な発達とともに、情緒的、社会的および道徳的な発達が促されるのである。そして保育者が子どもの示すさまざまな行動や欲求に適切に応えることで、人に対する基本的信頼感が子どもたちのなかに芽生え、同時に保育者との間に「情緒的な絆」が形成されていく。

2017（平成29）年に改訂（定）された幼稚園教育要領、保育所保育指針、幼保連携型認定こども園教育・保育要領でも「子どもの視点に立つ」という教育の視座は変わっていない。「情緒的な児童中心の教育」を軸に、子どもは豊かな感情を身につけ、コミュニケーション能力・自己抑制をはじめとする自己調整力・人間関係構築力など、"生きる力につながる"情緒面の発達に伴う学びを得ていくのである。

以上のことをふまえると、幼児期においても乳児期の子どもとの関わりと同様に、保育者は「子どもの心の拠り所」となることが重要である。そのためには、まず子どもとの関わりのなかで、「できたこと、できなかったこと」に対してではなく、ありのままの子どもの姿を受け入れ、遊びのなかでも

「やったこと、取り組んだこと」を認め、褒める機会を増やし、子どもが自信をもてるようにしていくことが大切である。ありのままの子どもを受け入れるという保育者の姿勢があってこそ、子どもたちは自分の存在を認識するようになる。自分の行動を温かく見守り、必要な支援の手を差し伸べてくれる保育者の配慮により、幼稚園や保育所、認定こども園（以下、就学前施設）が遊ぶ喜びを味わうことのできる場となるのである。

人間誰しもが、人に認められたいという欲求が根底にある。しかし、その対象者は無関係の者ではなく、「自分にとって重要な他者」である。子どもたちが長時間過ごす園において、それは保育者、友だちなのである。「園のなかでまず最初に心を寄せる保育者に認められていくことは、自分という存在を認識し、人格の形成へとつながっていくのである」[1]。

写真6－2 "友だちと一緒"に雨探険

第2節 自己発揮や他者理解、自己抑制を支える保育者の工夫

（1）子どもが自己を発揮するまで

園に入園してきたばかりの子どもたちは、これまでの家庭とは異なり、家族ではない他者と生活をともにすることになる。社会生活の第一歩がここからスタートするのである。会ったこともない、話したこともない他者に囲まれるという不安は当然大きい。そこで園生活を安定して過ごすためには、前節で述べたとおり、保育者が心の拠り所になること、そして園のなかで「安心できる居場所」が必要になってくる。

保育所や認定こども園は０歳児から入所・入園できるため、保育室の構造は家庭に近い環境になっているが、幼児期以降のクラスでは小学校の教室と同様の空間構造で建築されているところもあり、保育室に机や椅子が整然と並んでいるだけという園もある。しかし、保育者は、入園したばかりの子どもたちが安心して生活することができるように、家庭に近い環境を整えていくことが必要である。家庭に近い環境というのは、家にあるテレビやポータブルゲーム・玩具を用意するということではない。静かに絵本が読める空間

第6章　保育者に求められている人間関係

がある、ゆったりと過ごせるソファーや畳がある、保育室のコーナーにちょっと隠れて落ち着く場があるなど、大人数で過ごす園のなかにも一人で静かに過ごせる場があるということである。常に多くの椅子と机が並ぶなかで、保育者の方を向いて座り、一斉に同じ絵を描いたり、鍵盤ハーモニカを揃って奏でたりという保育を行うの

写真6-3　家庭と同じようにゆったりと絵本を読める空間

は、乳幼児期の保育が環境をとおして行うことが基本であることから、そぐわない。子どもの心が落ち着き、意欲的に遊びに取り組める保育環境というものを室内だけではなく、園庭などの環境においても保育者はしっかりと考えていく必要がある。そして、同時に保育者自身が子どもの気持ちにより添っていかなければならない。

　このような安定した環境のなかで遊びが始まり、保育者やまわりの友だちの存在を認識しながら、同時に自己認識をすることにより、人と関わる力が芽生え、自分の思いを自己表出することができるようになってくる。ここで保育者は、子どもが自分の思いを十分に出すことができる時間的なゆとりをつくることが大切であり、「先生に聞いてもらいたい」という関係性のなかから、「先生は私の、僕の話を聞いてくれる、わかってくれる」という信頼感を子どもたちが感じるようになるのである。ここでいう自己表出は、他者の気持ちはあまり関係なく、自分自身の思いが自然と出てくるという段階のことである。

　心の拠り所になる保育者の存在があり、安心して遊ぶことのできる場があるという感情をもとに、子どもは徐々に「好きな遊び」を見つけ出し、保育者とともに遊んだり、遊びを楽しんだりするようになる。すると、保育者だけではなく、その遊びに興味をもった周囲の子どもが集まるようになり、平行的にも同じ遊びをすることで友だちの存在に気づき、徐々に一緒に遊ぶ楽しさを味わっていく。このような時期になると、自分の思いをストレートに表に出すという自己表出をしながらも、自分で意図的に身振り、表情、言

写真6-4　滑り台も一人で滑るのと友だちと滑るのでは楽しさが異なる

葉で表していく自己表現へと変わっていくのである。しかしながら、その表現はまだ稚拙な面もあり、友だちの思いを汲みながら自分の表現をする、という段階にすぐには至らない。そこで保育者は時には子どもの思いを代弁したり、言葉を添えたりという仲介者としての役割も担っていく必要がある。このような保育者による支援の繰り返しから、子ども自身が自らの言葉をもって気持ちを表現していくことができるようになるのである。

（2）遊びをとおした他者理解

　好きな遊びを楽しむなかで、友だちとの関わりが増えていくと友だちと一緒にできる遊びを求めるようになる。「今日は一緒にブランコしようか」「一緒に滑り台しよう」と、登園するとすぐに子どもたちは声を掛け合って遊び始める。本当は"ブランコより砂場がいいなぁ"と思っていても、"友だちがブランコと言うならそうしよう"と思う気持ちが時にはあるかもしれない。しかしそれは、嫌々ブランコで遊ぶということとは異なり、どんな遊びよりも"友だちと一緒だったら楽しい！"と思えるような気持ちで遊びが始まっていくのである。このような時期には、保育者は子どもたち同士の様子を見守りつつ、時には遊びに加わり、"友だちや先生と一緒に遊ぶのって楽しいな"と感じられる時間を十分に取ることが必要である。

　また、ここでの遊びは自分の思いや考えを一方的に出すだけではなく、少しずつ友だちの思いに気づいていくことが求められる。それは「自分の思いどおりにいかない場合もあるんだ」「友だちの思いや提案を受け入れることでより遊びが楽しくなることもあるんだ」という体験を重ねることである。つまり、自分の表現＝自己表現をすると同時に、"他者の表現"に気づくということから、友だちと共通のイメージをもちながら遊ぶことの楽しさを感じていくのである。

　友だちと関わって遊ぶ楽しさを知り、遊びが充実してくるような時期には、興味・関心が広がり始め、「それぞれのやりたい遊び」を主張するようになる。しかし、友だちとの関係のなかで思いが伝わらない、相手の思いがわからない、気持ちが受け入れられないという葛藤・確執も子どもたちは体験していく。ここで重要なのが他者理解である。自分の思いを伝えるだけでは遊びが始まらない・進まないため、"折り合いのつけ方"もこの葛藤体験のなかで学んでいくのである。最初のうちは保育者がそれぞれの子どもたちの間に入り、気持ちの交通整理をするという役割も担わなければならない。しかし、最終的な判断を保育者がする、ということではない。「○○くんはどう思う

のかな?」「じゃあ、△△ちゃんはどうしたいの?」などと、子どもたちの気持ちを引き出したり、思いを伝え合う場をつくったりすることが重要なのである。また、保育者が必ず仲介に入らなければならないものでもない。自分なりの表現で気持ちを伝え合う様子を少し離れて見守ることも時には必要であるし、一方的または強引に友だちの意見がとおってしまった場合に、その場で解決するのではなく、我慢をし、譲った側の子どもの気持ちを後で聞いたり、そっと寄り添ったりする支援もあるだろう。そして次の機会にはどうしたらよいのかをともに考えるということも必要になってくる。

　このような体験を子どもたちが蓄積していくことによって、子ども自らが「じゃあ、今日は○○くんの言うようにしてみようかな。でも次は僕のやりたいことを一緒にしてね」など、「じゃあ」や「それなら」といった折り合いをつける言葉を使いつつ、自分の気持ちも整理して遊ぶようになる。それは友だち間での人間関係が深まっていく時期でもある。譲歩し、折り合いをつけて遊んでいくなかで、子どもたち一人一人がそれぞれの気持ち、思いを受け止め合う関係性を築けるようになってくると、安心して自己発揮をすることが可能となってくる。これまでの友だちの顔色や機嫌を伺って遊ぶ状態から、"自分の思いをちゃんと伝えても友だちはわかってくれる""今は無理でもまた後で言えば大丈夫!"という安心感があるからこそ、自分の思いを十分に発揮できるようになるのである。また、互いのよさを認め合いながら遊びが展開したり、工夫をしながら試行錯誤したり、友だちと一緒にやり遂げた喜びを味わうことをとおして、「共通の目的に向かって協力して遊ぶ」ことの楽しさを感じるようになり、いわゆる協同的な遊びへとつながっていくのである。

　このような遊びのなかで子どもたちが経験する自己主張(自分の考えや思いを出すこと)には、自己抑制(自分の考えや思いを抑える)という相反する内面の動きが存在する。それら子どもたちの思いを保育者はしっかりと見つめ、「自己を表現する力の育ち」[2]のみならず、保育者・友だちとの関わりのなかで、「ともに生きる力の育ち」[3]を統合させていくことが求められるのである。

第3節 自発性や共同性を育む関わり

(1) 協同から協働へ

　子どもたちが園で自分たちの居場所をつくり、友だちとの関係が深まっていくなかで"協同的な遊び"が高まることが大切であるが、佐藤哲也はこの「きょうどう」の概念について以下のとおり整理している[4]。

3つの「きょうどう」
○協同（cooperation）co（共に）＋ operate（作用・影響を及ぼす）
　→お互いに影響を及ぼし合う（情況・状況）
○協働（collaboration）col（共に）＋ labor（仕事をする）
　→お互いに協力して作業をする（状態・成果）
○共同（common）com（共に）＋ munis（奉仕する）
　→お互いに役立ちうる関係を作る（常態）

　つまり、幼児期に求められる協同とは、お互いに影響を及ぼし合う関係性のなかで遊びや学びが行われる情況・状況であるといえる。また佐藤は、協同的な遊びとは、①共に活動する→②衝突・葛藤→③試行錯誤→④協力・相互理解→⑤絶頂体験を繰り返すなかで、互いに影響を及ぼし合いながら、共通の目的意識をもち目標に向かって相互に工夫して何かを作り上げようとする状況だと説明している。
　たとえば、砂場での遊びをとらえてみる。

●事例1　砂場で山をつくろう！（5歳児）

　「砂場で山をつくろう！」と何人かの子どもたちによる遊びが始まった。最初は「この辺りに大きな山をつくろうよ」ということで、「よいしょ、よいしょ」と土をスコップで運び、みんなで一つの山をつくっていたが、A児はそれに飽きたのか「こっちにぼく、池をつくろうかなぁ？」と独り言のようにつぶやいた。すると「えぇー、そんな横につくったら山が壊れちゃうよ。Cちゃんはどう思う？」とB児はC児に尋ねた。「うーん、もっと離れたとこだったら大丈

夫かな」とＣ児が言うと、「よし！　そうするわ」とＡ児は穴を掘り始めた。

　しばらくするとＤ児がやってきて、Ａ児とともに水を運び入れ始めた。その水があふれ、Ｂ児とＣ児がつくっていた山の部分に流れ出し、「わぁー、Ａくんやめてよ！

写真６－５　砂場に集まって

山が崩れるよ！」とＢ児が言うが、だんだんと山の下の方が削れてくる。「ゴメンゴメン」とＡ児が謝ると、Ｃ児が「ねぇねぇ、じゃあトンネルにしちゃおうか！」と提案し、崩れてきた部分に小さなスコップを入れて穴をつくる。「そうやな、じゃあぼくはこっちから掘るわ！」とＢ児も山の下に穴を開け始める。しかし、池に溜まっていた水がどんどん山側に流れ始めてくる。「わぁー、まだ掘ってる最中なのに。誰か水止めておいて！」とＢ児が叫ぶと、「オッケー！任せとけ！」とＡ児が流れている水の上に砂をかけ、水の流れを塞いだ。そしてＢ児とＣ児はトンネルを掘り続け、とうとう穴がつながった。Ｂ児は「やったぁー、トンネルできた！　Ａくん、水流していいよー」と声をかける。そこでＡ児とＣ児は池からトンネルまで水が流れるように溝を掘る。すると水がトンネルをとおって流れ始めた。「やったぁー、トンネルの川だ！」と喜んだのもつかの間、すぐに水が流れなくなってしまった。Ｃ児が「全然池の水が足りないんや、みんなで運ぼう！」と言うと、全員でバケツを手に水をくみに水道まで走り始めた。

　この事例は佐藤が説明したように、①共に活動する＝砂場で山をつくる→②衝突・葛藤＝池をつくりたい、池の水が流れて山を壊してほしくない→③試行錯誤＝どうやったらいいのかを考える→④協力・相互理解＝山にトンネルを掘る→⑤絶頂体験＝山のトンネルと池から流れる水が川となりつながったというように、それぞれが考える遊びのなかで友だちとぶつかり合いながらも最終的には当初考えていなかった形で遊びが一つになり、そしてさらに続いていく。この過程の循環や協同経験の重なりが子どもたちの人と関わる力を育てていくのである。

また、この事例では、それぞれ異なる思いを尊重しつつも互いに影響し合って（情況・状況）水を運んだり、穴を掘ったりと協力して作業をする（状態・成果）姿が見られたように、協同が協働となっていく過程でもある。協同経験を積み重ねていくと同時に、協同経験のなかで協働へと状態が変化していく瞬間を保育者はしっかりと見極め、より遊びが深まる環境を子どもたちとともにつくり出していくことが大切である。

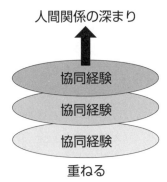
図6－1　協同体験の重なり

　このような子どもたちの園での生活・遊びについて田中享胤は「子どもたち一人一人が保育者に温かく見守られた居場所をもつ『共存』という段階から、保育者・友だちとともに生活、遊びをつくっていく『共生』の場となり、協同的な遊びをとおしてその関係はともに生活を創り出す『共創』へ高まっていくのである」と述べている。

　この「創」という言葉は「作る」とは異なる。作るは「さまざまな物をこしらえる」という意味であるのに対し、「創る」は「新しい物をこしらえる」という意味をもつ。また、「絆創膏（ばんそうこう）」という字にも使われるように創には損傷の意味もある。新しい物をつくっていくには傷・痛みも伴うのである。同様に子どもたちが生活や遊びを創り出すときも、さまざまな心の葛藤やぶつかり合いが必ずみられる。時には子どもたちにとって苦しく、心が痛む場合もあるだろう。しかし、それらの過程を大切に、丁寧に保育者は見守り、一人一人の子どもたちの気持ちにより添っていくことで、温かな共創関係を築くことができるのである。

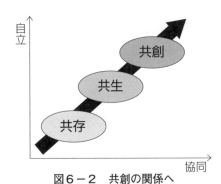
図6－2　共創の関係へ
出典：田中享胤「平成22年兵庫教育大学学校教育センター研究会：教員のプロフェッショナルグロースの位相」（2011年3月4日開催）資料を一部改変

（2）自然体験を取り入れた人間関係

　園生活のなかで友だち同士の間をつなぐ者と物を考えた場合、さまざまにあげられる。つまり、"者"は保育者や園にいる大人、友だち、クラスや年齢の異なる園児である。また"物"は固定遊具、絵本、玩具、そして木や花

草、動物などである。

昨今の住宅事情などによって、自然豊かな環境のなかで遊ぶことそのものが難しくなっている。また泥で汚れてしまうことを嫌がる保護者がいるのも事実である。しかし、このような時代だからこそ、就学前施設では意図的に木や花、植物、動物を育てて豊かな自然環境のなかで保育をすることが重要

写真6－6 うさぎの温かさにふれて

になってくる。自然物には目で見える自然（植物・動物・石・土・砂・水など）と、目で見えない自然（風・空気など）のように分類することができ、命がある（動物・植物など）か否（石・土・水など）かという分類もできる。このように考えていくと、自然は多種多様に存在し、人工的につくられた物以上に子どもたちの関係性の間に入っていくことが可能である。

そこで、これらの自然を「人と人を結びつける媒介としての自然」ととらえ、どのような関わり方ができるのかを保育者が考え、保育のなかに組み込んでいく意味は大きい。

子どもたちにとっては何気なく存在している「自然」を"人間関係を築く媒介"とするために、保育者には次のような整理と把握が求められる。

---

①関わりの次元（同年齢、異年齢、異世代 など）の設定
②関わりの展開（季節はいつか、どの学期に関わるか など）への着目
③関わりの媒介（いかなる自然か）の特質・効用を再認識、整理

自然の特質を熟知した保育者のねらいにより、子どもたちは「自然と出会う」→「自然と親しむ」→「自然と遊ぶ」→「自然を取り込んで遊ぶ」という経験を重ね、感動・探求心を深めながら、子どもたち同士が結びついていくのである。自然には、目には映らないが人の心を癒やしてくれたり、やる気を起こしてくれたりするなど、心身ともに元気づける不思議な力がある。その力を感じ取りながら自然とふれ、

写真6－7 溝にはたくさんの虫や生物がいる

互いに折り合いをつけながら遊びを工夫していくことで、より多くの人と関わり、いきいきと活動する子どもたちの姿が見られるようになるのである。

【引用文献】
1）鈴木昌世・佐藤哲也編『子どもの心によりそう保育・教育課程論』福村出版　2012年　p.77
2）兵庫県国公立幼稚園教育研究大会神戸支部研究会「友達の輪を広げ、いきいきと遊ぶ子～自然体験活動を通じた協同的はぐくみ～」2010年　p.25
3）同上書　p.25
4）佐藤哲也「平成22年度篠山市幼稚園協会研究会保育交流会」（2010年3月24日開催）資料

【参考文献】
田中享胤「平成22年兵庫教育大学学校教育センター研究会：教員のプロフェッショナルグロースの位相」（2011年3月4日開催）資料
田中享胤・三宅茂夫編『保育の基礎理論』ミネルヴァ書房　2006年

第7章 特別な支援を必要とする子どもと他の子どもがともに育ち合うための関わり

第1節 集団生活に困難を伴う子どもへの保育

（1）一人一人のニーズに合わせた保育

　保育の場では、一人一人違った個性をもつ多くの子どもたちが一緒に集団生活を送っている。そこで子どもたちは保育者と出会い、友だちと出会い、豊かな関わり合いをとおして人間関係の発達を遂げていく。しかし、なかには、「友だちとのトラブルが頻繁に起きる」「みんなと一緒に行動ができない」「友だちと遊ぼうとしない」といった、集団生活を送るのが困難な子どもたちもいる。こうした子どもの背景には、発達の遅れや偏りといった先天的な要因、家庭環境や不適切な大人の関わりといった後天的な要因など、さまざまな原因が考えられる。しかし、どのような原因や困難さを抱えていたとしても、保育の場では、かけがえのないたった一人の子どもとして豊かな生活を送り、健やかに育つことが保障されなければならない。そのため保育者は、その子どものもつ"困難さ"を丁寧に理解し、一人一人のニーズに合わせた適切な保育を行うことが求められるのである。

（2）丁寧な子ども理解から―保育者の視点を変える―

●事例1　友だちとのトラブルが多いA児（3歳）

　　A児は元気で活発だが、友だちとトラブルになると相手に対して攻撃的になることが多く、保育者はA児にどのように関わったらよいかいつも悩んでいる。
　　ある日も、砂場でカップケーキをつくって遊んでいたA児だったが、隣で遊んでいたB児のカップを使おうとしたところ、B児から

「それBちゃんの。Aちゃん使わないで」と言われたために、急に怒り出し、「だってAが使いたかったんだもん！」とB児からカップを無理やり奪ってしまった。
　午後の絵本の読み聞かせのときにも、A児は先に座って待っていたC児を押しのけて一番前に座ろうとしたため、C児が「Aちゃんずるい！」と注意をすると、A児は突然、「うるさい！」と大声で叫んで怒り出し、C児を突き飛ばしてしまった。
　保育者は、これまでにもトラブルが起こるたびに「もしAちゃんがお友だちに同じようにされたらどんな気持ちがするかな」など、相手の気持ちに気づいてもらえるよう話をしてきた。しかし、なかなかA児に通じず、今回も保育者が何を話しても横をじっと睨んだままで、怒りが収まることはなかった。その様子に保育者が困り果てていると、とうとうA児は「先生はすぐAばっかり怒る。先生嫌い！」と泣き出した。保育者はその一言で、自分が「A児はいつも友だちに嫌なことをする困った子」と決めつけて接していることや、A児と関わるのは決まってトラブルを起こした後ばかりで、これまでそれ以外の場面でA児と関わることはほとんどなかったことに気づいた。
　翌日、保育者はA児と積極的に一緒に遊び、A児がなぜトラブルを起こしやすいのか丁寧に探ることにした。A児と遊んでみると、A児は次々におもしろい遊びを思いつき、好奇心がとても強いことがわかった。その分"やってみたい！"という思いが抑えられず、友だちとぶつかることが多いように感じた。砂場で一緒に遊ぶなか、「先生どうぞ」とうれしそうにカップケーキを渡してくれたA児の様子は、いつも友だちに怒って攻撃的になっているA児とは別人のようだった。
　A児のプラスの面を見ないまま、常に否定的な関わりを繰り返していたことで、A児にとって保育者は、やりたいことを妨害する人であり、友だちとトラブルが起きたら必ず自分が責められると感じていた。そのため、A児は極端に攻撃的になっていたのではないかと保育者は気づいた。
　自分の関わり方を反省した保育者は、その後A児が友だちとトラブルになったとき、まずは「Aちゃんは〇〇がしたかったんだね」と、A児が何を求めていたのかを理解し受け止めてから、相手の気持ち

> を伝えることにした。するとＡ児は、以前と違って驚くほど素直に
> 保育者の言葉が入るようになった。

　幼児期の子ども同士のトラブルは、誰しも必ず経験することであり、その経験から、相手の気持ちを理解したり、思いやったりすることを学んでいく。しかし、あまりにも頻繁にトラブルが起きる子どもの場合、その背景には何らかの要因があることが考えられる。ところが、トラブルが起きやすい子どもほど、保育者はその場の対応に追われ、つい「問題が多い子ども」として、丁寧に行動の背景を読み取らず否定的な関わりを繰り返してしまうことがある。しかし、保育者が視点を変えることで、その行動の背景にある原因に気づき、そこからその子どもが必要としている支援をみつけだすことができる。事例1でも、保育者は、Ａ児を問題を起こす子どもとしか見ていなかった。しかし、視点を変えてみると、Ａ児を多面的にとらえることができ、適切な支援のヒントを得ることができた。

　このように、気になる子どもへの保育に重要なのは、まずは「気になる子ども」をよく知ることである。問題行動だけを見て、「わがままな子ども」「困った子ども」と決めつけるのではなく、"どうしてこうするのだろう""なぜこうなるのだろう"と、子どもをよく観察し丁寧に読み取ることが必要である。丁寧な読み取りができると、"こうしてみよう"と、子どもへの支援方法が思い浮かび、より適切な保育ができる。そして、保育者と子どもとの信頼関係も生まれ、よりよい保育が行えるのである。

　ただし、その際に保育者の読み取りが一方的な思い込みにならないよう配慮しなければならない。事例1では、Ａ児の好奇心の強さと大人の関わり方が背景にあると見抜くことができた。しかし、その背景は子どもによってさまざまであり、子ども自身に発達の遅れがあるケースや、環境要因が複合的に影響していることも考えられる。そのため、保育者自身が常に子どもへの理解がこれでよいのかを問い続け、他の保育者や時には保護者の意見もふまえて適切に判断をし、支援の工夫をすることが重要である。

第2節 障がいのある子どもへの保育

(1) 発達障がいの子どもへの支援

　集団生活への適応が困難な子どものなかには、「発達障がい」[*1]と診断される子どもたちもいる。これらの子どもたちは、対人関係の発達に障がいがあるため、たとえば友だちの気持ちを理解したり、周囲の状況を読み取って行動したりといったことに困難が生じることがある。現在、こうした子どもたちに適切な支援ができるよう、多くの保育者が「発達障がい」について理解を深めようと日々努力をしている。

　発達障がいの子どもたちは、確かに対人関係の発達に遅れや偏りはあるが、人と関わることがまったくできないわけではない。また、同じ発達障がいの子どもといっても、その実態は一人一人違うものであり、ひとくくりにすることはできない。そのため、"障がい児の〇〇君"といった見方ではなく、まずはたった一人の「子ども」として見つめることが重要である。

　集団生活に困難が生ずる子どもに対し、その支援方法がわからず戸惑うとき、つい障がいの有無にとらわれてしまうことがある。障がい児であるから集団生活に適応できないのは仕方がないと判断され、適切な支援が受けられなくなる危険もある。しかし、重要なのは障がいの有無に関係なく、その子どもにとって必要な支援は何かを探り、一人一人に合った支援を行うことである。障がいに関する知識は、あくまで子どもの実態を適切に把握するためのヒントとして用いるものであり、今目の前にいる「子ども」の実態を丁寧に把握し、そこから適切な支援を模索したとき初めて、その知識が役に立つのである。

(2) 保育における「特別な支援」の考え方

● 事例2　"子ども"に合わせて支援する（4歳児）

> D児は、知的発達に遅れのない自閉症スペクトラム障がい[*2]と診断されている。水遊びが大好きでいつも水道のところで水を触って遊んでいたり、また、お気に入りの動物の絵本を指差しながら「らいおん！」「とら！」とうれしそうに見ていたりする。D児には、担任保育者のほかに加配の担当保育者[*3]がついており、必要に応じ

[*1] 発達障がい
2005（平成17）年から施行された「発達障害者支援法」では、「発達障害」を「自閉症、アスペルガー症候群その他の広汎性発達障害、学習障害、注意欠陥多動性障害その他これに類する脳機能の障害であってその症状が通常低年齢において発現するものとして政令で定めるものをいう」（第2条第1項）と定めている。

[*2] 自閉症スペクトラム障がい
社会性の発達に障がいがあり（視線が合わない、相手の感情を読み取ることができないなど）、興味の局限（特定のものや配置にこだわるなど）といった特徴がある発達障がいである。知的発達に遅れがない場合、アスペルガー症候群と診断されている場合もある。

[*3] 法律上定められた子どもに対して必要とされる保育者のほかに、特別な理由から追加配属された保育者をさす。多くの場合、担任保育者と別に追加されて配置される。

て個別対応ができる体制になっている。

　そんなD児に対し、現在保育者たちが頭を悩ませているのは、D児が集中して話を聞くことができないということである。担任保育者が話をしている間、椅子をゆらゆらと揺らしたり、耳を押さえたりして座っているため、大事な話を聞き逃すことが多い。ある日、散歩に行く際に、「帽子をかぶって虫かごをもって集まろう」と伝えても、D児だけが帽子も虫かごももっておらず、担当保育者が変わりに準備をした。このようなことが頻繁に起こるため、何度か「D君、先生の話聞いているかな」などと声をかけたが、D児には伝わらず、一向に様子は変わらない。クラスの友だちからも、「またD君だ」と否定的に思われ始めているため、保育者たちはなんとかD児に上手に伝える方法はないか考えた。

　D児の様子を見てみると、他の子どもたちが話をすると耳をふさいでおり、複数の声が同時に聞こえると騒音のように感じているようだった。そこで担当保育者は、気になる子どもへの支援は個別支援が基本であることから、クラス全員で話を聞いた後、D児だけ個別に静かな場所に連れていき、もう一度簡潔に話をするようにした。するとD児は、以前よりは保育者の伝えたいことを理解できるようになった。また、D児は動物の絵本を毎日見ているため、担当保育者は絵による指示が入りやすいのではないかと考え、今度は話をしながら紙に絵を描いて伝えるようにした。するとD児は、「帽子」「虫かご」など、担当保育者の絵を見て確認するようになり、担当保育者の伝えたいことをさらに理解して行動するようになった。

　このようにD児との一対一の関わりを丁寧に行ったところ、D児からも担当保育者への関わりが増え、大好きな動物の絵本を担当保育者のところにもってきて、「先生、らいおん！」とうれしそうに教えてくれるようになった。担当保育者はそんなD児の様子を見て、もっとD児が毎日を楽しめるようにと、担任保育者と相談し、D児が興味をもてそうな動物の絵本を保育室に増やした。

発達障がいの子どもに対し、その障がい特性を理解することは、さまざまな視点から子どもを理解することにつながる。事例２のように、保育者がＤ児の特性を探り、そこからヒントを得て個別の支援を行うことで、Ｄ児なりの集団生活が保障されるようになるのである。Ｄ児の特性は、自閉症スペクトラム障がいの子どもによくみられるものである。しかし、同じ障がいの子どもでも、実態は一人一人全く違う。現在、発達障がいの特性に合わせたさまざまな療育方法があるが、単純に「自閉症スペクトラム障がいの子どもにはこの支援」と決めつけるのではなく、その子どもの実態に合わせて適した方法であれば取り入れ、繰り返し支援を行うことが重要である。Ｄ児の事例では、加配保育者がついており、担任と二人体制で保育を行っていた。このように、子どもの実態によっては、より適切な支援が受けられる職員体制づくりも重要である。

　2006（平成18）年６月に学校教育法の一部改正がなされ、2007（同19）年４月から特別支援教育が実施されることになった。特別支援教育とは、すべての子どもの教育的ニーズを把握し、一人一人に必要な指導や支援を行う教育である。つまり「特別支援」とは、障がいのある子どもは当然ながら、障がいの有無に関わらず、多様な支援を必要とする子どもすべてに対し適切な指導や支援を行うことを意味する。

　特別支援教育の考え方は保育現場においても重要である。保育現場では、特別支援教育がスタートする以前にも、多くの園で、障がいのある子どもとない子どもが一緒に生活をする保育が取り組まれ「統合保育」と呼ばれてきた。ただし、「統合」という言葉には、"障がいのある子どもがない子どもの生活に入る"といったように、障がいの有無を明確に分けたうえで一緒にするという意味があった。それに対し「特別支援」の発想では、障がいの有無といった区分を取り払い、すべての子どもを包括的にとらえ、一人一人のニーズに応じて保育をすることをめざしている。障がいの診断はなくても集団生活に困難がある子どもであれば、誰でも必要な支援を受けることができるのである。

　ところで、こうした特別支援の理念である「一人一人の個の実態を把握し、その子どもに応じた指導・支援をすること」は、保育の基本原則そのものである。つまり保育現場の特別支援とは、保育者一人一人が保育の原点に立ち、自身の保育を見つめ、その質を高めることにつながるといえよう。

第7章　特別な支援を必要とする子どもと他の子どもがともに育ち合うための関わり

第3節　誰もが居場所のある集団づくり

（1）特別支援教育をふまえた集団での育ち合い

　人と人とのコミュニケーションは、さまざまな関わりによって育まれるのであり、それは特別な支援を必要とする子どもも同様である。ただし、他の子どもとの関わりに困難を抱える子どもの場合、保育者の配慮や支援がなければ、人と関わることに対して不安に思う経験の積み重ねになる可能性がある。そのため保育者は、その子どもが人と関わるときにどのような"困難さ"があるのかを見抜いたうえで、他の子どもとの関わりが不安にならないよう、適切に仲介をしていくことが求められる。

　また、気になる子どもが集団のなかで育ち合えるかどうかは、クラスの子ども集団の育ちによっても変わってくる。なぜならその集団が誰かを排除するような殺伐とした集団であったとしたら、気になる子どもを否定的にとらえてしまう可能性があるからである。そうではなく、どの子どもも一人一人が自分の居場所と感じられる集団であれば、他の子どもも自然に受け入れることができる。

　特別な支援を必要とする子どもとの関わりは、他の子どもにとっても、相手を思いやる気持ちを育てる重要な経験となる。そのためにも保育者は、特別な支援を必要とする子どもだけでなく、すべての子どもたちとの信頼関係を築き、障がいの有無に関わらず、お互いが成長できる環境をつくっていくことが重要である。

（2）育ち合いのできる豊かな集団づくり

● 事例3　楽しさを共有できる遊び（5歳児）

> 　E児が所属する白組の子どもたちは、12月に入る頃には、ルールのある遊びを友だちと一緒に楽しんだり、子ども同士で協力したりして、保育者がいなくても自分たちで遊びを進められるようになっていた。そのようななかでE児は、他の子どもに比べてゆっくりと発達を遂げている子どもであったため、保育者が一緒に遊びながら仲介をすることが必要であった。保育者は、E児と他の子どもとの関わりの場をどのように支えたらよいのかいつも模索してい

た。
　白組の子どもたちは、保育室のなかでは、秋から遊び込んでいるお店やさんごっこを形を変えながら今でも楽しんでおり、部屋全体を使ってさまざまなお店屋さんを開いていた。友だち同士で相談をしながら、品物や看板、チラシなどをつくり、なかには飾りつけ担当の子どもやお金をつくる担当の子どももいて、どの子どもも自分なりに役割をみつけて楽しんでいた。
　Ｅ児はというと、初めは友だちの様子をじっと見ていることが多かったが、ある日、「ぼくもお店やる！」と小さな箱を並べ始めた。そして、Ｅ児なりに折り紙で品物をつくって売り始めた。そこで保育者は、早速お客として関わり、Ｅ児の遊びが盛り上がるように働きかけた。そんな保育者を見て、飾りつけをしていたＦ児もＥ児のお店に気づき、「Ｅ君もお店出したの？　じゃ、飾りつけしなきゃ」と、Ｅ児のお店の飾りつけを始めた。クラスのお店屋さんごっこの一つに加わったＥ児は、その後もうれしそうにお店屋さんごっこを続けた。保育者は、友だちと一緒に遊ぶことを楽しんでいるＥ児の様子を見て、できるだけＥ児の遊びが続くように、さらにお店屋さんごっこが盛り上がるような働きかけを続けていった。

　Ｅ児は、他の子どもと発達の違いがあり、すべての遊びを友だちと一緒に楽しめるわけではない。ドッジボールなどのルールのある遊びでは、友だちと一緒に遊び続けることは困難である。しかし、今回のお店屋さんごっこのように、友だちと一緒に楽しさを共有することができる遊びもある。
　就学前の子どもたちの育ちは「遊び」をとおして育まれるものである。遊びとは多様な活動であり、工夫次第では、たとえ発達に違いがある子ども同士でも、一緒に楽しさを共有することが可能である。人との関わりに困難を抱える子どもにとって、人と関わる楽しさを知ることができる経験は重要である。そうした経験が豊かに提供できるかどうかは、保育者の工夫にかかっている。多様な遊びが生まれる豊かな環境構成の工夫ができれば、子ども同士の育ち合いの機会も豊富に生まれるのである。
　特別支援の理念をふまえた保育実践をするためには、「気になる子ども」本人に対する支援は当然ながら、その子どもの居場所のあるクラス集団をつくることも重要である。"今担当しているこのクラスが、気になる子どもも含め、誰もが居場所のある集団となっているだろうか"、こう問いかけるとき、

気になる子どもの存在は、保育者自身が改めて自分の保育を見つめ直す重要なきっかけを与えてくれる。特別支援の理念をふまえた保育実践は、将来、多様な人間同士が互いを尊重し合ってともに生きる「インクルージョン」*4 の実現をめざすことにもつながるのである。

*4 インクルージョン
障がいの有無や能力の差異に関わらず、一つの社会のなかで各人が固有性を尊重されながら、平等に教育・福祉・文化活動に参加できるような社会を実現していくことを意味する。

第4節　個別の支援計画の作成とさまざまな連携

（1）保育者間連携と個別の指導計画

　特別な支援を必要とする保育現場は、複数の保育者がチームとなって子どもを保育しているため、保育者同士の連携が重要である。特別な支援を必要とする子どもに対し、組織全体として誰がどのような内容の支援を行うのかを丁寧に話し合うことが必要である。特に、同じクラスを担当する保育者同士には、より丁寧な連携が求められる。クラス集団全体を担当する保育者と、特別支援を必要とする子どもを担当する保育者がいる場合、いつ、どのタイミングで個別支援を行うのか、また、どの活動で集団参加を重視するのかを共通理解して、互いに連携を図りながら臨機応変な対応をしていく。

　現在、特別支援を必要とする子どもに対し「個別の指導計画」の作成が求められている。特別な支援を必要とする子どもは一人一人の実態が大きく異なるため、支援内容も必然的に個別的な内容となってくる。複数の保育者で保育を行うにあたり、保育者それぞれによって支援の方向性が違うと、子どもに混乱を与えることになる。しかし、個別の指導計画を作成することで、他の保育者と支援内容を共通理解でき、一貫した支援が可能になる。また、研修等で支援内容を検討する際のたたき台として用いることができるため、その子どものニーズを複数の目で多面的にとらえることができる。さらに、特別な支援を必要とする子どもを他の機関と連携して支援する際にも、共通理解のための資料として用いることができる。

（2）保護者との連携

　特別な支援を必要とする子どもへの支援には、家庭との連携が欠かせない。家庭での子どもの様子を知ることで、より多面的に子どもの実態把握ができ、支援の手立てをみつけるヒントになる。また、家庭での効果的な支援方法を取り入れたり、園での支援を家庭にも取り入れてもらったりすることで、支

援に共同性が生まれる。家庭環境の改善が支援につながる場合には、保育者が保護者の相談相手になり助言をすることも必要となる。保護者のなかには、自身の子どもが抱える困難さを受け入れられない場合や、保護者自身が大きな課題を抱えている場合もある。保育者は、子どもだけでなく保護者の実態も慎重に把握し、保護者の気持ちを受け止めながら支援の手立てを一緒に考え、連携を図っていくことが求められる。

(3) 専門機関との連携

　特別な支援を必要とする子どものなかには、外部機関での専門的な支援を必要とする子どもがいる。特に、発達障がいや障がいの疑いのある子どもに対しては、医療機関や療育機関との連携が重要となる。また、社会全体での包括的な支援を行うため、地域の行政機関との連携も必要になる。特に小学校への就学指導においては、保育者と保護者、行政、医療・療育機関、小学校とが連携し、その子どもの将来を見据えたよりよい方向性を検討することが重要である。

　保育者が各専門機関と連携する際には、受け身な連携ではなく、双方向の連携を行うことが求められる。つまり、保育者には毎日子どもを保育しているプロとして、その子どもの生活実態を的確に情報提供する役割がある。そのためにも、保育者は日々の保育のなかで、より丁寧な子どもの実態把握と、創意工夫をこらした支援を行い、自身の保育の質そのものも高める努力を積み重ねていく必要がある。その積み重ねこそが、今目の前にいる子ども一人一人に対する、将来を見据えた豊かな保育へとつながっていくのである。

【参考文献】
伊藤良子「発達障害児のコミュニケーション指導における情動的交流遊びの役割」『特殊教育学研究』Vol.39 No.5　日本特殊教育学会　2002年
白石正久『自閉症児の世界をひろげる発達的理解－乳幼児期から青年・成人期までの生活と教育－』かもがわ出版　2007年
田中道治・都筑学・別府哲・小島道生編『発達障害のある子どもの自己を育てる』ナカニシヤ出版　2007年
別府哲「自閉症における他者理解の機能連関と形成プロセスの特異性」『障害者問題研究』Vol.34－4　全国障害者問題研究会　2006年
文部科学省「特別支援教育の推進について（通知）」　2007年

第8章 さまざまな人との関わりと交流活動

第1節 異年齢との関わり

　昨今の養育環境の特徴として、きょうだい数が減少していること、核家族化により異なる世代、異なる年齢の人と関わる機会が減少していることなど、人との関わりの機会が得にくい環境に置かれていることがあげられる。そして乳幼児期の子どもも、園に入園する以前には、極めて少数の人との関わり（たとえば、保護者のみ、保護者ときょうだいなど）しかない場合が多く、また、地域の子どもとのふれあいの機会も少なく、初めて出会う子ども集団が幼稚園・保育所・認定こども園（以下、就学前施設）での出会いである場合がほとんどである。

　在宅での子育てに対しては、地域子育て支援センター[*1]などの取り組みが地域の自治体によって行われているが、それは保護者がその場に関わろうとする意識がない限り、機会を得ることができない側面もあり、保護者の意識によるところが大きい。

　子どもはさまざまな世代や年齢の人と関わることで、多くの価値観にふれることができる。そして、子どもがそうした経験を積み重ねることによって、豊かな人間性が育まれていく。たとえば、上の年齢の子どもに手伝ってもらううれしさや温かみ、下の年齢の子どもの手伝いをすることで自分が必要とされることの喜びなどの自己肯定感が培われていくのである。

　そこで園では、異年齢同士の関わりの時間を設けたり、「縦割り保育」などとも呼ばれるクラス編制自体を異年齢で構成している園などもある。以下に園での異年齢交流の事例をみてみよう。

[*1] 地域子育て支援センター
地域の子育て支援の情報収集、提供に努め、子育て全般に関する専門的な支援を行っている。また、子育て支援活動を行う団体と連携しながら、地域に出向いた支援活動なども展開している。

● 事例1　コマに込められた「ねがい」

> 　　A幼稚園の遊具は、各年齢や季節によって、保育者が意図をもって入れ替えを行っている。
> 　たとえば、お正月が近づくと、園のなかで代々引き継がれている木製のコマを出し、日本の伝承遊びに親しむ。3歳児にはコマ自体に親しめるよう大きな安定感のあるコマを、4歳児には手先を使い、火を起こすような動作で回すコマを、5歳児にはひもを巻きつけて飛ばすように回すコマを、それぞれの年齢や発達に合わせて用意している。
> 　この時期になると、がぜん5歳児は必死だ。なぜなら、5歳児のコマは3・4歳児にあこがれと尊敬のまなざしで見られるのであり、かつての自分たちもそうであった。「ひもをなめてから巻くといいね」「手首を使って横になげるようにコマを飛ばすんだよ」など、自分たちの知恵を出し合ってコマ回しに取り組んだり、幅の狭い積み木の上で回すなど、5歳児は意欲的にコマ遊びに取り組んでいる。また、3・4歳児のコマ回しの場に行き、「がんばれ、がんばれ」と応援したり、回し方のコツを教えたりする姿も見られる。
> 　保育者は、同年齢や異年齢の子どもたちが関わり合いを楽しみ、関わりが深まるようなコマ道場の設定や、子どもたち同士で楽しさを共有したり、教え合うなかで関わりが生まれるよう、コマを媒介とした関わり合いの支援に努めている。

　事例1では、保育者が、子どもたちがコマ遊びによって、季節や日本独自の文化に触れることを想定している。そして、コマ遊びをとおして、同年齢や異年齢の友だちが遊びに取り組む姿を見たり、自分もやってみようという意欲を育んだり、うまく回せたうれしさや、うまく回せないじれったい気持ちに子ども同士が共感したり、回すコツを工夫して生み出したり、それを伝え合ったりする機会をもつことができる環境を設定している。また、子ども同士が関わり合って遊びを展開するなかで、ともに遊びを共有できること、よきライバルであること、苦労を分かち合えることなど、友だちの存在の大切さに気づいてほしいという保育者の意図がある。そして、「できる」「できない」ではなく、難しいことや未体験のことがらに「取り組んでみよう」とする姿を保育者は大切にしている。
　また、異年齢間の関わりを設定することで、年長児の姿を見た年中・年少

児があこがれを抱いたり、失敗があることのつらさ、試行錯誤をするおもしろさなど、さまざまな感情や姿にふれることができる。そして年長児は、年下の子どもと関わるなかで、思いやりの気持ちを育んだり、年長児としての責任をもつようになっていく。

こうした子ども同士の交流や、さまざまな葛藤、共感の経験を保障するためには、保育者の働きかけや環境設定が極めて重要になる。そのなかで子どもは、他の子どもの存在に気づき、出会うことができる。そして、遊びのなかで楽しさや譲り合うことなど感情を共有し、ともに助け合い、お互いが大切な存在であることに気づいていく。

就学前施設においては、一人一人が園での生活を楽しみ、自分のやりたいことや興味があることに主体的に取り組むことができるように、保育者が子どもの心の拠り所になることが大切である。また、親しみのある環境を設定することや、保育者自身が子ども一人一人としっかりとした信頼関係を築くことで、子どもたちも安心して行動を広げていくことができるのである。

● **事例2　わたしたちの幼稚園は大きなおうち**

> 3歳から6歳までの子どもがともに生活するB幼稚園では、1学期は3・4・5歳児が混ざった異年齢保育を、2学期の11月頃からは5歳児のみ同年齢のクラス編制としている。
>
> クラス編制の意図として、3歳児が入園の際に、「ようこそ幼稚園へ！　入園を待っていたよ」と、上の年齢の子どもたちや保育者に待ち望まれていることで得る安心感を大切にしたいということや、園生活の先輩である4・5歳児と遊ぶなかで、初めての場に慣れながら、幼稚園生活の楽しみを味わってほしいというねらいがある。
>
> また、4・5歳児に対しては、自分たちが入園の際に上の年齢の子どもたちに受け入れてもらったうれしさや安心感を下の年齢の子どもに伝えていくことができること、自分たちが主体的に生活をつくり出しているという実感をもつこと、そしてここはわたしたちの幼稚園であり、「幼稚園は大きなおうちで、友だちは家族なんだ」という認識をもってほしいという園としての意図がある。

日々の生活のなかで4・5歳児には、ボタンが留められない子への支援をしたり、幼稚園のなかの秘密基地を教えてあげたり、いさかいのときには代

弁をしてあげたり、園生活のルールを教えてあげたりするなどの異年齢ならではの関わりがみられる。そうした関わりをとおして、できないことを叱るのではなく、待つことや相手に伝わるように教えること、そして自分たち自身が、下の年齢の子どもたちのモデルになるという気持ちが育ってくる。また、こうした生活を積み重ねることで、お互いを思いやる気持ちが育まれる。そして、他者と生活する経験や、まるできょうだいがたくさんいるような安心感を得ること、人の役に立つこと、自分自身の成長に気づくなどの経験を重ねていく。

　なお、このＢ園では、５歳児の11月から５歳児だけの生活に移行している。こうした就学を控えた５歳児への配慮は、このＢ園だけではなく、それぞれの就学前施設でさまざまに行われている。それは、同年齢の子ども同士で小学校生活のイメージを膨らませ、期待をもって小学校生活へと向かうことができるための配慮でもある。また、身体の調子を整えるために、生活のリズムを園のリズムから小学校のリズムへと合わせていくことを行っている園もある。たとえば、それまでは11時30分過ぎに食べていた昼食を、小学校の給食の時間に合わせた12時過ぎに設定したり、保育所であれば午睡をやめ、その時間を遊びや活動の時間にあてることなどである。こうした配慮は、５歳児がスムーズに気持ちも生活リズムも小学校生活へと移行できるようにするための保育者の意図が含まれているのである。

第2節　地域の人々との関わり

　子どもの生活は、園の中のみで成り立っているわけではない。たとえば、家庭での食事や園での給食に出る魚を取り上げてみると、漁師の方が漁をし、漁で捕れた魚が市場に行き、市場から近くのスーパーや鮮魚店に行き、そしてその後、家庭や園の調理室、給食センターなどで調理され、子どもたちの食卓に魚が出るのである。子どもたちの食卓に魚が出るまでには、無限大に広がるさまざまな職業や人がそれぞれの役割を担っているのである。

　直接的に日々子どもと関わる園や家族だけではなく、間接的に子どもの生活と関わる地域の人々を知ること、関わることは、子ども自身に人間関係の広がりをもたらす。

　本節では、子どもが地域の人々と関わることによって広がる人間関係の事例をみてみる。

● 事例3　畑のおじさん

　C保育所では、地域の農家の方が所有する畑の一部を借りて、ジャガイモをつくっている。種芋を植えた後は雑草を抜くなどの手入れを行い、ジャガイモの成長を観察しながら大切に育てている。ジャガイモがまるまると実る時期になると、子どもたちは芋掘りを行う。掘ったジャガイモは子どもたちがよく洗い、蒸かし、保護者とともに食べる機会をもったりと、畑は子どもたちの一年の生活のなかに溶け込んでいる。

　この畑の世話を日々行っているのが、畑を所有し、子どもたちに「畑のおじさん」と呼ばれる地域の農家の方である。子どもたちが畑に行くと、畑のおじさんは雑草の抜き方、畝の作り方、鍬の使い方を教えてくれたり、子どもたちが不在のときの畑の様子、畑で見かけた虫などについて話してくれる。

　一度、畑の土が痩せてしまったときがあった。そのとき、おじさんは畑のまわりの雑木林の落ち葉を子どもたちに集めるように伝え、その落ち葉や灰を混ぜたオリジナルの肥料をつくり、翌年、畑を復活させたことがあった。子どもたちにとってその畑の復活劇は鮮烈な印象だったようで、そのできごと以来、畑のおじさんを「畑博士」と呼ぶ子どももいる。子どもたちはそうしたおじさんの農作業や自然に対する知識を尊敬し、親しみとあこがれをもっている。

　畑を使った活動をとおして、子どもたちは畑仕事のスペシャリストとの出会いの機会をもち、自然に親しみ、さらに仕事のやりがいや人が生きるうえでの農業の必要性を学んでいる。

　第1節でもふれたが、昨今の養育環境の特徴として、きょうだい数が減少していること、核家族化により異なる世代、異なる年齢の人との関わりの機会が減少していることなど、子どもたちは人との関わりの機会が得にくい環境に置かれている。

　地域の人々との出会いや活動をともにすることで、保護者や子どもの身のまわりにいる人の職業だけでなく、さまざまな職業の人とふれあう機会をも

つことができる。そうした経験を積むことで、子ども自身があこがれや将来への期待を育んでいく。また、園生活だけではない異なる生活や価値観が社会のなかには存在し、そうした場で働くさまざまな人によって社会が構成されていることを知る機会にもなる。

　子どもは将来、性や年齢、職業や階層、価値観や行動様式が異なるさまざまな人と関わっていかなくてはならない。社会の一員としてさまざまな人とふれあい、助け合い、気持ちを理解し合うことの経験は、大人になってから突然できることではないだろう。かつては地域社会のなかにさまざまな人と関わる環境が自然にあったが、現在は改めて設定をしないと味わうことができないという状況に子どもたちは置かれている。そうした子どもたちが置かれている環境を考えると、地域の人々と関わることで、子どもの経験がより豊かなものとなり、関わり合いをとおして子どもの大きな育ちの姿がみられることだろう。

　そして、子どもの生活に寄り添い、現在の子どもにとって必要な経験や機会を設定することのできる役割が保育者には求められている。

第3節　幼児期から学童期への「なめらかな接続」

（1）小学校に「あがる」ということ

　小学校に入学する頃のことを覚えているだろうか。入学を待ちわびて、買ってもらったランドセルと一緒に眠ったこと。友だちと学校ごっこをして小学校での生活のイメージを共有し、ワクワクしたこと。大好きな幼稚園や保育所との別れがさみしくて、涙した人もいるかもしれない。

　わたしたちのライフステージには、就学前施設への入園・卒園、小学校・中学校・高等学校・専門学校・短大・大学への入学・卒業、就職、そして結婚や子育てなどの節目がある。幼児期の子どもにとって目前にせまるその節目とは、小学校に「あがる」ことだろう。「あがる」とは、話し言葉であるが、まさにその言葉に表されているように、あるライフステージを1つ昇ることである。期待に胸を膨らませてその節目をするりと切り抜けられる子どももいれば、就学前施設での生活とのギャップを不安に思い、戸惑う子どももいる。

　本節では、そうしたライフステージの節目にいる子どもの育ちに対する具体的な取り組みや事例から、就学前施設と小学校の連携について理解を深めていきたい。

（2）接続期の子どもの教育の特徴

① 就学前施設での教育

　「学級崩壊」「小１プロブレム」という言葉を聞いたことがあるだろうか。子どもが教師の指導に従わず、勝手に席を立って歩き回ったり、奇声を発したり、騒いだりして授業にならない状態のことを「学級崩壊」といい、特に入学したての小学１年生に多くみられるということで、「小１プロブレム」と呼ばれたりもしている。指示に従わない子ども、キレる子どもなど、従順で素直なイメージとしての子どもが、「子どもは変わった」と言われはじめた頃と期をともにして、テレビなどのメディアで話題として取り上げられたことがあった。

　その一つの原因が、「幼稚園や保育所での『自由保育』である」と言われたこともあるが、はたしてそうであろうか。

　幼稚園教育要領（以下、要領）、保育所保育指針（以下、指針）、幼保連携型認定こども園教育・保育要領（以下、教育・保育要領）では、幼児期の教育は「環境を通して行う」こと、「遊びを通して総合的に指導される」ことを大切にしている。それは、環境に含まれている教育的価値を保育者が取り出して直接子どもに押しつけたり、詰め込んだりするものではない。環境のなかに教育的価値を含ませながら、子ども自身が環境に主体的に関わり、環境との関わり方や意味に気づき、これらを取り込もうとして試行錯誤を繰り返したり、考えたりするなかで、ふさわしい関わり方を身につけていくことを意図した教育である。

　つまり、「おもしろそう」「やってみたい」「どうすればうまくいくだろう」など、子どもの意欲が尊重され、それに対して保育者が子どもの意欲を尊重しながらさまざまな工夫を重ね、支援を行うことが、幼児期における教育である。

　保育者はそこではただ放任し、やりたいようにやらせているわけではない。「このような経験をしてほしい」という意図をもって、直接的・間接的に支援を行っている。たとえば、保育室でみんなで絵本の読み聞かせを聞く、友だちの話を聞くという場面において、騒いだり席を離れてしまう子どもに対しては、「その場にふさわしい行動とは何か」ということを子ども自身が気づくことができるように言葉をかけたり、騒がしくなってしまう環境を改めて設定し直してみたりするなどの工夫を行い、就学前施設での教育において幼児期に育みたい資質・能力[2]を育む教育が行われている。

　つまり、決して放任ではなく、遊びのなかで生まれる自由で主体的な子

[2] 育みたい資質・能力
第2章 p.23 参照。

もの意欲や気づきをもとに、保育者が意図をもって子ども自身の力を引き出すという、いわば目に見えない「生涯にわたる人格形成の基礎」「望ましい未来をつくり出す力の基礎」を培っているのが、就学前施設での教育である。

② 就学前施設と小学校の違い

子どもが生活する環境として、就学前施設と小学校は大きな違いがある。就学前施設での活動の中心は「遊び」であるが、小学校では科目ごとの40分から45分の授業となり、今までともに生活を送ってきたメンバーも変わってしまう。また、小学校の教師との関わりは、就学前施設と違い、授業を行うということからもどうしても一斉教授的・指示的になってしまう傾向がある。こうした子どもの生活環境の変化を、子どもにとって大きな「危機」としてとらえるとするならば、先に述べた「学級崩壊」「小1プロブレム」という問題は、環境の大きな転換に対する子どもたちの「戸惑いのサイン」として考える必要があり、そうしたサインを敏感に読み取り、丁寧に戸惑いの姿を解きほぐしていく応答的な関わりが、小学校以降の教師にも求められている。

(3) 要領、指針、教育・保育要領にみる連携の必要性

幼児期から児童期の教育へと移行する際、(1)・(2)でみたそれぞれの違いを受けて、子どもの生活環境の大転換が滑らかに行えるよう、就学前施設と小学校が連携し、子どもたちを支えていく必要がある。

そうした考え方のもとに、2008（平成20）年の要領の改訂・指針の改定、小学校学習指導要領の改訂の際に、校種間連携の必要性が加えられ、2017（同29）年の改訂（定）においてもその必要性と重要性が述べられている。そこで述べられていることをまとめると、以下の3点として表される。

① 幼児期にふさわしい充実した生活は小学校以降の生活や学習の基礎になる。そのため、幼児期にとってふさわしい生活を通して創造的な思考や主体的な生活態度の基礎を培うこと
② 就学前施設の園児と小学校の学童との交流を積極的に行うこと
③ 就学前施設と小学校の情報共有、教職員の意見交換や研修、合同研究の機会を積極的に設け、「幼児期の終わりまでに育ってほしい姿」[3]を共有するなどの連携を図ること

上記の点については、巻末（pp.150〜183）に掲載されている要領等で確認してほしい。

*3 幼児期の終わりまでに育ってほしい姿
第2章p.24参照。

（4）校種を越えた交流—小学生との交流—

　園生活のなかで子どもたちはお互いに育ち・育てられる。そして、いずれ5歳児は卒園し、その先には小学校生活が待っている。（1）・（2）で述べたように、就学前施設と小学校では生活が大きく変わる。そのため、スムーズに小学校生活へと移行できるよう、就学前施設と小学校との接続期にはさまざまな取り組みが行われている。

　ここでは、そうした取り組みをとおして得ることのできる子どもたちの経験について事例をとおして考えていく。

●事例4　小学生も一緒に「こどもらんど」（5歳児）

　D幼稚園では、ミニ4駆レース大会、的当て、魚釣り、回転寿し屋さん、美容室など、5歳児が日々行っていた遊びを集めて縁日仕立てにした「こどもらんど」の準備が行われていた。そしてこの「こどもらんど」には、以前に小学校見学でお世話になった小学3年生を招待することになっていた。

　子どもたちは「こどもらんど」の開催に向けて、3年生に渡す招待券をつくったり、縁日で買ったりしたものをラッピングするための材料を用意したり、室内の装飾、看板づくりなど、自分たちのイメージを膨らませ、子どもたち同士で話し合ったりイメージを伝え合いながら、3年生に楽しんでもらえるような工夫をしていた。

　「こどもらんど」の開催当日、学校見学で関わった子ども同士は、知った顔を見つけると手を振ったり、駆けつけたりして再会を喜び合っていた。学校見学に行ったときの5歳児は、初めての場所で少々緊張の面持ちであったが、今回は自分たちの生活の場である幼稚園で「こどもらんど」を体験してもらう喜ばしさがあり、3年生と積極的に関わる姿や、「こどもらんど」の出し物について説明をしたり、一緒に出店を回ったりする姿も見られた。また、3年生も年長者としてというよりも自分の幼児期を思い出し、「ともに楽しむ」というスタイルで、「こどもらんど」で幼稚園児との関わりを楽しんでいた。

　そうした子どもたちの関わりを見守っていた保育者と小学校の教師は、「○○ちゃんのあんなにうれしそうな表情、初めて見たわ！」「普段は引っ込み思案の△△君がいきいきと年下の子どもの面倒を

> みることができるなんて！」など、普段の子どもの表情とは異なるよい側面に気づいたり、お互いの子どもの姿について情報を交換した。そして、小学校の教師らは今日の子どもたちの姿から、5歳児が翌年小学校に入学した際、この3年生たちに小学校の案内役を任せてみようという計画を立てたのであった。

　就学前施設と小学校との交流によって、園児にとって未知の世界である小学生との関わりをもつことができる。園児と小学生が関わることで、小学校生活に向けた体験の共有化を図ることや、小学校生活へ向けた期待や生活のイメージをもつことができる。また小学生にとっても、かつての自分が育ってきた軌跡を振り返る機会をもつことができ、成長を感じることへとつながることが期待される。

　場に慣れること、見通しが立ちイメージがわくこと、自らが必要とされる存在であることを認識すること、見守られる安心感を得ることなど、交流活動をとおして得た子どもたちの経験は大きく、多岐にわたる得がたい経験となる。

（5）保育者と教師間の連携

① 保育者・教師との情報交換・共有

　前項までに確認してきた就学前施設と小学校の連携に関する保育者の役割として、保育者・教師との情報交換・共有があげられる。

　まず、要領、指針、教育・保育要領、小学校学習指導要領で述べられている、就学前施設から小学校への接続期のカリキュラムについて互いに学んでおく必要があるだろう。代表的なものとして、「幼児期の終わりまでに育ってほしい姿」や就学前施設の5歳児後半での「アプローチカリキュラム」[*4]、小学校入学直後の「スタートカリキュラム」[*5]などがある。

　また、活動の設定やねらいの共有等、保育者と教師が顔を合わせ、日頃からお互いの全体的な計画や教育課程について学び合っておくことで、スムーズな連携を進める第一歩となる。そのためには、お互いが顔を合わせることができる日常的な交流を重ねて、子どもの姿を直接知ることや、お互いの研修会や研究会に積極的に参加することなども必要である。

　そのほかに、要録という文書での伝達という方法もある。子ども一人一人の就学前施設での生活の姿を文字で表し、小学校へと申し送りをする文書が「幼稚園幼児指導要録」「保育所児童保育要録」「幼保連携型認定こども園園

[*4] アプローチカリキュラム
就学前の幼児が円滑に小学校の生活や学習へ適応できるようにするとともに、幼児期の学びが小学校の生活や学習で生かされてつながるように工夫された5歳児のカリキュラム。

[*5] スタートカリキュラム
幼児期の育ちや学びをふまえて、小学校の授業を中心とした学習へうまくつなげるため、小学校入学後に実施される合科的・関連的なカリキュラム。

児指導要録」である。そこでは保育者が、子どものよいところやがんばったこと、園生活を楽しんでいる姿、園生活を通して成長したこと、配慮が必要な事項、家庭の状況などを具体的にイメージできるように記すことで、幼児期の子どもの情報を小学校教員にスムーズに伝えることができる。

② よりよい連携に向けて

子どもの育ちは日々連続しており、「幼児期」「児童期」などの過程によって明確に区切られるものではない。また、就学前施設、小学校、家庭、地域などのさまざまな場でさまざまな人と出会い、交流を重ね、さまざまな育ちの表情を見せている。

しかし、学校教育は幼稚園、小学校、中学校など、発達過程をふまえた異なる教育内容や指導の方法として発展してきており、それらのシステム間の連携が十分になされないままに、それぞれの校種のなかのみで運営されがちであった。カリキュラムもそれに基づく教育実践も各学校で完結したものになり、子どもは段差のあるシステム間の移動に戸惑いを示し、不適応を起こすことも少なくなかった。これが、先に述べた「学級崩壊」や「小1プロブレム」の要因の一つとしてとらえられているという事実もある。

現在、そうした反省もふまえ、育ちの連続性や園生活、家庭生活の連続性を考慮した教育の充実が大きな課題として認識されている。そして、先にも述べたように、2008（平成20）年の要領や指針の改訂（定）の際、各園と学校間の連携の必要性が加えられることになった。そして、2017（同29）年の改訂（定）では、幼児教育が小学校教育につながっていくことが明確化され、幼児教育と小学校以上の学校教育で共通する力（資質・能力）の育成をしていくことになった。

2008（平成20）年の改訂（定）後は、各園や学校間の段差を滑らかにするような連携に関する活動が盛んに行われるようになってきているが、現在はまだ発展中であり、よりよい実践の共有が求められている。家庭や地域の教育力の低下が指摘される昨今、子どもの育ちの連続性もふまえた連携活動をより深め、日々の生活のなかに溶け込んだ活動としていくことが保育者には望まれる。

【参考文献】

お茶の水女子大学附属幼稚園・小学校『子どもの学びをつなぐ－幼稚園・小学校の教師で作った接続期カリキュラム－』東洋館出版社　2006年

国立教育政策研究所教育課程研究センター「幼児期から児童期への教育」　2005年

社団法人全国幼児教育研究協会編『学びと発達の連続性－幼小接続の課題と展望－』チャイルド本社　2006年

第9章 就学前の子どもの育ちを支える人間関係

第1節 情動統制力の育ち

（1）幼児期の道徳性・規範意識と情動（気持ち）のつながり

① 道徳性と規範意識の関係性

　幼児期の道徳性とは、「人を思いやる」ことを理解することで、規範意識とは、「ルール・決まりがあり、それに気づき自分の気持ちを調整する」ことである。

　第2章で学んだ「幼児期の終わりまでに育ってほしい姿」[*1]のなかに「道徳性・規範意識の芽生え」があり、その具体的な姿が「友達と様々な体験を重ねる中で、してよいことや悪いことが分かり、自分の行動を振り返ったり、友達の気持ちに共感したりし、相手の立場に立って行動するようになる。また、きまりを守る必要性が分かり、自分の気持ちを調整し、友達と折り合いを付けながら、きまりをつくったり、守ったりするようになる」と記されている。幼児期において、この2つの概念は非常に近いもので、図9-1のように重なり合っているとされている。したがって、この2つの芽生えを保育

*1 幼児期の終わりまでに育ってほしい姿
第2章p.24参照。

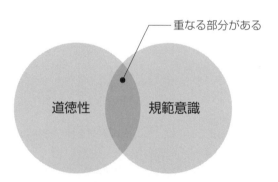

図9-1　道徳性と規範意識の関係性について
出典：無藤隆『保育の学校 第2巻-5領域編-』フレーベル館　2011年　p.33

のなかで絡め合って育てていくことが重要である。では、道徳性と規範意識の芽生えについて詳しくみることにする。

② 道徳性の芽生え

　幼稚園教育要領（以下、要領）には、「道徳性の芽生えを培うに当たっては、基本的な生活習慣の形成を図るとともに、幼児が他の幼児との関わりの中で他人の存在に気付き、相手を尊重する気持ちをもって行動できるようにし、また、自然や身近な動植物に親しむことなどを通して豊かな心情が育つようにすること。特に、人に対する信頼感や思いやりの気持ちは、葛藤やつまずきをも体験し、それらを乗り越えることにより次第に芽生えてくる」[*2]と記されている。

　たとえば、玩具の取り合いが発生した際には、自分もその玩具がほしい、相手もほしいというなかでどうしようかと悩む。これが葛藤である。たとえ自分の思い通りに玩具を奪い取ってしばらくは遊んでいても、何だか後味が悪い経験をする。このようなことを繰り返すうちに、相手の気持ちや自分の行動の結果などに気づくようになり、自分も大切にするけれど相手も大切にしながら何とかしていこうとする。

　こうしたとき保育者は、「○○ちゃんも遊びたいと思うけれど、△△ちゃんも遊びたいと思うよ」などと、相手の立場になって考えるよう促していく。しかし、一方では、自分を尊重し、自分の気持ちを大切にすることも大事である。つまり、「私があなたを大切にするのだから、あなたも私を大切にしてね」ということと「私は私を大切にするから、あなたもあなたを大切にしてね」という両方が必要である。こうした自他の共感関係のなかで道徳性は芽生えるのである。

③ 規範意識の芽生え

　規範意識の芽生えについて、要領には、「幼児が教師との信頼関係に支えられて自己を発揮する中で、互いに思いを主張し、折り合いを付ける体験をし、きまりの必要性などに気付き、自分の気持ちを調整する力が育つ」[*3]とあり、集団生活を通して子どもが人との関わりを深めるなかで規範意識を形成していくことが記されている。3歳児の積み木遊びの場面で説明してみよう。

● 事例1　3歳児の積み木遊び

　入園当初の4月、A児が大型積み木（一人でももち運びができ、安全面にも配慮したウレタン製）を積んでは倒し、また積んでは倒し遊んでいる（自己を発揮する）。そこへ、それを見たB児が自分

[*2] 要領第2章「人間関係」3内容の取扱い（4）

[*3] 要領第2章「人間関係」3内容の取扱い（5）

> も積み木遊びがしたいとやってきて横で同じように積み始めた。倒してみると迫力がありおもしろい。B児はA児と共感して遊び出した。何回か2人で繰り返しているとA児が積んでいる最中に、B児が積んでいた積み木が倒れ、A児の積み木を倒してしまった。また、倒れた積み木がままごとコーナーまで転がり、ままごとをしていた女児たちの机を動かし、物が落ちてバラバラになった。
> 　その様子を見ていた保育者は、A児とB児に「A君とB君のまわりでもお友だちが遊んでいるのがわかる？　倒れた積み木がお友だちの方まで転がっていったらお友だちが遊べなくなっちゃうよね。だからもう少し広いスペースのあるリズム室へ移動して遊ぼうか」と伝えた。

　3歳の子どもたちが、積み木を高く積んで倒すスペースとまわりのスペースを目測するのは難しい。B児が倒した積み木がA児の積み木にあたったことと、保育者の言葉かけによって、A児とB児は「限られたスペースでみんなが遊んでいるから、ここでこれをしてはダメだ」ということを初めて知る。集団の決まりの必要性に気づく第一段階であろう。また、「まわりでも友だちが遊んでいる」と、まわりの子どもたちの心情も理解する。そして保育者の提案した解決策によって、「広いスペースのあるリズム室まで積み木を運び、移動して思う存分積んで倒す遊びをする」という、「折り合いをつける」ことも学んでいくのである。

　このように、自他の要求に折り合いをつけることや、友だちと心地よく過ごしたり、より遊びを楽しくしたりするために決まりがあることがわかり、子どもたちはそれを守りながら関わっていく。そして、年齢を重ねていくにつれ、必要に応じて決まりをつくりかえたり、新たにつくったりするようになり、子ども同士の関わりがより豊かになって遊びがダイナミックに発展していく。

（2）情動（気持ち）の調整

①　自分の気持ちを調整する力（情動統制力）

　人は常に何らかの思いや気持ちをもって行動している。楽しい、うれしい、喜ばしい、ドキドキするというときもあれば、イライラする、悲しい、辛いというときもある。

乳幼児にも同じような状況をみることがあり、機嫌の悪いときに自分の親指をしゃぶって自分を慰め落ち着かせ、無意識に自分の気持ちを自分でコントロールすることがある。その後、おおむね2歳頃から情動統制は発達し、3歳以降で自覚的に情動統制ができるようになってくる。そしてさらに年齢が進むにつれ、保育者が関わらなくても今までの経験をもとに友だち同士で解決したり、折り合いをつけたり、我慢できたりするようになり、情動統制力が身についてくる。

しかし、集団生活においては、ルール、決まり、約束事を守らなければいけないことはわかっているが、どうしても守りにくいという場面が出てくる。保育者は子どものこうしたその時々の情動と向き合い、その子が情動を調整できるように関わっていかなければならない。

② 日々の人との関わりが情動統制力を育てる

保育者は、特にネガティブな情動（いやだ、おもしろくない、腹立たしい、悲しい、イライラする等）にある子どもと関わるとき、何とか早くネガティブな情動を抑え、それをポジティブな情動に切り替えさせようとして焦ってしまうが、じっくりその子どもと関わるためには、一人の保育者が悩みながら関わるのではなく、その園のさまざまな人と協力していくことも必要である。そして、保育者たちが子どもの情動を受け止め、どういう方向へ育てていきたいのか共通に理解し、その共通理解のもとで一人一人の情動統制力を育てていきたいものである。なお、2017（平成29）年の要領、保育所保育指針、幼保連携型認定こども園教育・保育要領の改訂（定）の際には、キーワードとして「非認知的能力」があげられ、非認知的能力に関わる内容が多く盛り込まれたが、その中心にあるのが自分の気持ちを調整する力、すなわち情動統制能力である。

子どもの心の動きはそれぞれの情動統制の繰り返しのなかで「その子らしさ」が現れる。道徳性や規範意識も絡めて子どもたち同士が気持ちを理解し合い、お互いに情動統制していくと関係がより深まっていく。次の事例をとおして就学前の情動統制力とはどういう力なのか。どのように情動統制力が育っていくのかをみてみよう。

● 事例2　剣を壊されて泣きながら怒るC児（5歳児）

> ブロックを長くつなげて剣をつくり、友だちと戦隊レンジャーごっこをしていたC児。その日は誕生会で、C児と一緒に遊んでいたD児は、誕生日を祝ってもらう一人だった。D児はそのことを大

変楽しみにしていて、「お片づけしましょう。お誕生会だよ」と言う保育者の声が聞こえてくると、自分の剣をさっと壊して片づけた。そしてD児は、トイレに行っているC児のお気に入りの剣まで壊して片づけてしまった。トイレから戻って来たC児は、お気に入りの剣を壊され片づけられたことを知って泣きわめき、座り込んで怒りをあらわにした。
　その後、担任保育者が周囲の園児から事情を聞き、「大切な剣を壊されて悔しかったね」とC児の背中をさすりながら声をかけ落ち着くのを待った。涙は止まったC児だったが、「D君を許さない」とつぶやいたため、担任がその言葉を受けて、「許せないほど怒っているんだよね」と言い、またC児が落ち着くのをしばらく待った。そして、「どうしようか？」と返すと、C児はおもむろに腰をあげて誕生会会場のリズム室へ向かった。
　誕生会では誕生児が一人ずつ紹介され、お祝いの歌を歌い、その後、みんなでつくったプレゼントを渡す場面になった。誕生会の途中、C児はまだ興奮しているようだったが、担任はD児のところへあえてC児を行かせることにした。それは、会の進行中、C児が「〇〇ちゃん、おめでとう」とみんなで声を合わせて言えていたり、歌を歌ったりしていたところを見ていたからだ。
　C児はプレゼントをもってD児のところへ行き、照れくさそうに「D君、おめでとう」と声をかけ、頭に冠をかぶせた。その冠には大好きな戦隊レンジャーのヒーローが貼り絵されていた。D児も喜び、「ありがとう」と応えた。
　誕生会の一連のやり取りが終わった後、舞台から降りたD児はC児のところへ駆け寄り、「さっきはごめんね」と言いながらかぶっていた冠を外し、C児にかぶせた。C児は「なんで？　D君のでしょ？」と言いながらもうれしそうだった。そして、すぐにD児に冠をかぶせ返した。

　子どもがけんかをして怒っているときや泣いているときに、保育者はまず原因を知ろうとする。そして、お互いの言い分を聞き、説明や説得・慰めることを行うが、事例2でC児に気持ちをコントロールする力が生まれたのは、担任がC児の気持ち（ここでは悔しい気持ち）に寄り添い、怒りのエネルギーの行き場をつくる言葉（「悔しかったね」）を投げかけ、C児が落ち着くのを

待ったことによるものだと思われる[1]。

担任は誕生会が始まっても2人の様子をうかがい、それぞれの心の動きをとらえている。そして、C児が「○○ちゃん、おめでとう」とみんなで呼びかける場面でまわりと声を合わせて言えていたり、歌を歌ったりしているのを見て、「壊されて悔しかったけれど、もう大丈夫」というC児の思いを、「プレゼント渡し」という行動でD児に伝える機会を与えている。D児もC児に駆け寄り謝ると同時に、冠をかぶせることで「ありがとう」の気持ちを伝えている。

このように子どもが自分自身で情動を調整するのを待ち、しっかり見守り、仲直りする（お互いの気持ちがわかり合える）チャンスを与えることで、子どもはいつもの自分を取り戻す経験を積んでいく。子ども自身が自分を知り、自身の情動を統制していく力を自ら育てていくのである[2]。

第2節 身体能力の育ち

① 運動不足の背景

運動不足の背景には、子どもの遊びの現状が関係している。遊ぶためには3つの「間」（仲間・時間・空間）が必要であるが、少子化によって近所の子どもが減少し、遊ぶ仲間も減ってきている。また、辻遊び*4のように異年齢間での伝承遊びもなくなった。さらに、自然環境も少なくなり、以前のように安全に子どもだけで遊ぶ空間も減少している。加えて、自動車社会、テレビやゲーム・インターネットの普及で室内遊びが増加し、外で遊ぶ時間も減少しているのが現状である。これを解消する環境（場）として幼稚園や保育所、認定こども園（以下、就学前施設）がその役割を担っている。

② 運動を伴う遊び

幼児期の運動を伴う遊びは、「身体能力」「知性」「社会性」を育てていくうえでとても重要なものである。身体を動かし運動することによって、子どもの身体は豊かに発達する。また、遊びのなかでルールを理解し、人数や場所によってルールを変えていくなど、さまざまに工夫する力を身につけていく。そしてさらに大勢の仲間と遊ぶことから、協調性や思いやりなど、人と関わることの大切さも学ぶ。この「身体能力」「知性」「社会性」はお互いに深く関連し合っており、幼児期の成長にはこれらのバランスが大切である。

その意味でも、一つの運動や遊びに習熟して上手になるよりは、さまざまな遊びを毎日行っていくことの方が重要である。一つの運動や遊びではどう

*4 辻遊び
昔は地域の子どもの人数も多く、集団で移動しながら、ザリガニ釣り、陣取り、缶けり、めんこ、縄跳びというように路地をめぐって遊んでいた。他のグループと遊び場の取り合いが生じたときは、年長者が折り合いをつけたりした。年少者は特別ルールで守られていた。このような遊びを辻遊びという。

しても特定の部位のみを使うことになるからである。また、個人の「できる、できない」に固執してしまいがちになるため、複数の遊びを加えていくことが必要になる。

第3節　学力問題への取り組み

(1) 数量や図形に関心をもつ

① 数を数えることと多・少・同の判断

「幼児期の終わりまでに育ってほしい姿」のなかに「数量や図形、標識や文字などへの関心・感覚」があり、その具体的な姿が「遊びや生活の中で、数量や図形、標識や文字などに親しむ体験を重ねたり、標識や文字の役割に気付いたりし、自らの必要感に基づきこれらを活用し、興味や関心、感覚をもつようになる」と記されている。また、要領の領域「環境」の「内容」に、「日常生活の中で数量や図形などに関心をもつ」[*5]とある。基本的に数について学びを深めるのは小学校からであるが、就学前の子どもも友だちと関わりながら数量について理解をするようになっていく。日常の生活や遊びのなかでその内容をみてみよう。

*5 要領第2章「環境」2内容（9）

●事例3　花の苗植え（5歳児）

> E園では、季節の変わり目にパンジーやデージーの花の苗を購入し、それを子どもたちと一緒に植えることになった。
> 子どもたちは色とりどりの苗を興味深そうに眺めていたが、そのなかでF児が「先生何個買ってきたの？」と担任保育者に尋ねたため、保育者は「みんなで数えてごらん」と答えた。するとF児たちは「1・2・3…」と苗を数えはじめ、ほどなく「先生わかった！全部で○個！」と保育者に伝えた。保育者が「大当たり！」と言うと、子どもたちからは歓声があがった。
> その後、プランターに植えるために保育者は、大中小のさまざまな大きさと形のプランターを用意した。そして、一つ一つのプランターに彩りや個数を決め植えつけること、基準として苗と苗の間隔は5歳児の手のひらサイズとすることを知らせた。すると、子どもたちは手のひらものさしを使ってプランターごとに個数を決め始

第9章 就学前の子どもの育ちを支える人間関係

> め、「あと2個は大丈夫」「こっちはもう1個ちょうだい」など、協力しながらみるみるうちに並べていった。さらに、子ども同士で相談をし、パンジーの色はプランターを横並びにしたときに黄色・赤色・紫色・黄色・赤色・紫色となるよう並べた。「こうした方がきれいでしょう」と、今までの経験や自分たちなりに考えた法則できれいに並べた子どもたちの表情は得意気であった。

　先にも述べたように、数について学びを深めるのは小学校以降であるが、就学前施設の生活のなかでも、子どもたちは物を数えることなどをとおして、数に関心をもつようになっていく。事例3では、F児の質問に保育者は「みんなで数えてごらん」と答え、子どもたち全員が数にふれる機会をつくっている。また、プランターに植える際には、彩りや個数を子どもたちに考えてもらい、意図的に子ども同士の関わりを生み出していることがわかる。このような保育者の支援によって、子どもたちは自然に他の子どもと関わり、自分の考えを伝えること、友だちの意見を聞くことの大切さを学びながら関係を深めていくのである。

　子どもたちは物を数えるということ以外にも、「あっちとこっちではどっちが多い」という数と量について比べることを行う。3歳後半から4歳頃になると、高低比、長短比も遊びのなかでみつけ、砂でつくった山の高さ比べ、自分たちの背比べ、靴のサイズ比べ、セミ取りでセミのいるところと網の棒の長さ比べ（写真9-1）などをするようになる。よく見ていると「比べる出発点（基準点）」が必要だということに気づき、「ここから測るから」と線を引いたり、一点に重ねたりしている。子どもの成長には驚かされる。その他の数量比についても事例4でみてみよう。

写真9-1　セミのいるところまで届くかな？

●事例4　僕のが一番たくさん入っている（5歳児）

> 昼食時に各々のコップ（大きさや高さがまちまち）を机の真ん中に置きお茶を注いでいると、G児が「僕のが一番たくさん入ってい

111

> る」と自慢した。するとまわりの子どもたちが「本当にそうだろうか。確かめてみよう」といろいろ案を出しながら、みんなでお茶の量を比べ始めた。

　5歳頃になると事例4のほかに、縄跳びで跳ぶ回数を数える、玉入れの玉を1つずつ投げながら数えるなどの数比べをするようになる。また、リレーやゲーム遊びで人数を合わせるのに数を数えて調整したり、ドッジボールのコートの広さ・長さを公平にするための調節（歩幅・歩数で測る）をしたりする（写真9-2のドッジボールコートでは、最初に引いた線ではコートの広さが違っていたため、線を引き直して遊んでいる）。さらに、バケツで水を運ぶときに重い場合は量を減らす、または2人で運ぶなど、広狭比、重軽比、体積比を行っている。

　このように、生活や遊びに「数えること」「多・少・同の判断」から「数量の調節」まで、自然の流れで取り入れ遊んでいることを保育者がしっかりとらえ、一緒に不思議さやおもしろさを共有し、探究することが子どもの思考力を育てることにつながる。

写真9-2　ドッジボールのコートに二重線

② 図形に興味をもつ

　子どもは生活のなかでいろいろな物にふれ、感覚運動的に形を認識していく。たとえば、積み木の三角と四角の違いや身近にある特異な形（円・球）を、見た目の違い、角のとがり具合、転がり方の違いから認識している。そして、それらを積んだりしながら何らかの形に見立てて遊び、壊してはまた新しい形をつくるなど、全身で感じ取っている。

　それは、造形遊びとも結びつきいろいろなものを創り出す。ここでも、不思議さやおもしろさを保育者や友だちと共有し、探究心がかき立てられ、次の新しい発見へとつなげている。加えて、答えや考え方が1つではなく、たくさんあるからおもしろくて楽しいのである。これらが思考力の発達の源になっているのは確かである。

（2）文字に関心をもつ

① 読み言葉

　要領の領域「環境」の「内容」に、「日常生活の中で簡単な標識や文字などに関心をもつ」[*6]とある。また、領域「言葉」の「ねらい」に、「日常生活に必要な言葉が分かるようになるとともに、絵本や物語などに親しみ、言葉に対する感覚を豊かにし、先生や友達と心を通わせる」[*7]とある。言語獲得の発達過程は子ども一人一人に個人差はあるが、その発達過程と人との関わりをふまえて次の事例をみてほしい。

[*6] 要領第2章「環境」2内容（10）

[*7] 要領第2章「言葉」1ねらい（3）

● **事例5　わたしの名前はね（3歳児）**

> 　H幼稚園では入園してきた子どもたちの持ち物や道具、靴箱、ロッカー、タオル掛け等にフルネームをひらがなで書き、その子の目印シールを貼っている。
> 　3歳児が入園して2か月ほど経ったある朝のこと、I児が登園してきたため、保育者が「Iちゃん、おはよう」と声をかけると、「おはようございましゅ」とI児は応えた。まだ幼児音が残っているが、園生活の流れもつかみ、自分のことは自分でできている。そしてI児が靴箱の前に座り込み、上靴に履き替えるときに、「先生、Iはね、名前読めるんだよ。見ててね」と靴箱に貼られている名前を指で押さえながら笑顔で伝えてくれる。本人は名前を言いながら指で文字をなぞっているつもりなのだが、発音と指さしが合っていない。しかし、I児は何回かそれを繰り返し見せてくれた。きっと家族の誰かが教えたのであろう。保育者は「Iちゃん、すごいね」と言ってI児と保育室へ入っていった。

　3歳児のなかにも、自分の名前の読みと文字（ひらがな）が一致してわかる子どももいるが、ほとんどの子どもは目印シールなどで自分の物や場所を認識する。名前も標識・記号と同じところからスタートしているのである。標識とは、たとえば、交差点の角にある「止まれ」の道路標識などが思いあたる。I児にとって目印シールが標識であり、一つのかたまりとしてとらえている。

　4歳頃にひらがなが少しずつ自分のものになってくると、自分の名前の文字を友だちの名前のなかでみつけ、あるいは知っている文字をみつけ、たと

えば当番活動で「○○くん」と呼んで連絡帳を配るようになる。なかには時折貼り変わるその子の好きなキャラクターシールと名前を見て配り、保育者に「○○ちゃんであってる？」と確かめてから配る子どももいる。そういう過程を経て、だいたい5歳から6歳頃になるとひらがなの文字と形と読みが一致し、文字が指示している物や人とつながり、意味深く関わっていけるようになる。

② 書き言葉

● 事例6　郵便屋さんごっこ

> J幼稚園では、5歳児の間で「郵便屋さんごっこ」がはやりだした。すると、4歳児も3歳児も手紙らしきもののやり取りを楽しむようになった。
> 　ある日、郵便屋さんから保育者に「先生にお手紙です。Kちゃんからです」と一枚の紙が渡された。K児（3歳児）から送られてきたその紙には絵のようなものがたくさん書いてあった。郵便屋さんが差出人を言ってくれなければ、誰からの手紙かわからなかったが、かわいい手紙の返事として、「Kちゃんへ。おてがみありがとう。いっしょにあそぼうね」と、保育者はお礼の言葉と絵を書いた手紙をK児に届けてくれるよう郵便屋さんに頼んだ。
> 　その後も保育者とK児との手紙のやり取りは続いたが、その内容は次第に変化していった。最初は絵のようなものばかりであったものが、次第に内容がわかる絵を描くようになり、そして文字として「○」や「♡」も加わり、4歳半ばには「○○より」とひらがなで書けるようになっていった。その後、K児はたくさんの保育者や友だちとの手紙のやり取りをとおして「書く」楽しさを満喫していた。

　保育室の環境として、たとえば、季節の歌の歌詞を目立つところに貼っておくと、子どもたちが興味関心をもって見る。また、一人一人文字を獲得する方法は異なっても、5歳から6歳頃になると自分の名前が書けるようになる。そうすると自分の名前が書きたくなり、たとえば、一字一字色を変えてカラフルな名札などをつくるようになる。さらに、ごっこ遊びで看板や値段を書いたり、必要なことを友だちと相談し合って文字や数字で表現できたりするようになる。

　また、5歳後半から6歳頃にかけてお話（創作絵本）づくりに没頭し、たとえば自分が大きくなったら何になりたいかを絵と文字などで表現できるよ

うになっていく。その表現のなかに家族や友だち、地域の人たちへの思いやりも表現され、人との関わりが深まることや、数や文字、絵を使って自分の気持ちを表現することを身につけるなど、著しい発達が認められる。

　このように、遊びや生活のなかで標識や文字が人と人をつなぐ役割をもつことに気づき、読んだり、書いたり、使ったりすることをとおして、文字等への興味・関心が高まっていく。

【引用文献】
1）中道美鶴「幼児の『人とかかわる力』を育む保育者のあり方について」『全国保育士養成協議会第51回研究大会研究発表論文集』全国保育士養成協議会　2012年　pp.68-69
2）同上書　p.69

【参考文献】
菊池秀範・石井美晴編『子どもと健康』萌文書林　2005年
鯨岡峻『保育・主体として育てる営み』ミネルヴァ書房　2010年
公益財団法人日本レクリエーション協会「子供の体力向上ホームページ」
　https://www.recreation.or.jp/kodomo/（平成30年1月20日閲覧）
子安増生『心の理論−心を読む心の科学−』岩波書店 2000年
佐伯胖編『共感−育ち合う保育のなかで−』ミネルヴァ書房 2007年
無藤隆『保育の学校 第2巻−5領域編−』フレーベル館　2011年
無藤隆・汐見稔幸・砂上史子『ここがポイント！　3法令ガイドブック』フレーベル館
　2017年
文部科学省編『幼稚園における道徳性の芽生えを培うための事例集』2001年

【写真協力】
四国大学附属認定こども園

第10章 保育者と保護者の人間関係

第1節 就学前施設の果たす役割

　第1章で学んだように、近年、少子化や核家族化など、子どもを取り巻く社会環境が大きく変化し、そのことが子ども社会に大きな影響を与えている。なかでも、地域住民同士の交流が希薄化し、以前のように隣近所の子どもたちが集まって、リーダーを中心に異年齢の子ども集団で遊ぶということは少なくなっている。また、大勢のきょうだいのなかでやり取りしながら育つということも少なくなった。

写真10-1　幼稚園での自由遊び

　以前であれば、そのような集団のなかで子どもたちは、友だちや年下の子どもたちを思いやる気持ちを育んだり、どのように友だちと関わるか、どのようにけんかを収めるかなど、仲間関係の基本的なルールを自然と身につけることができた。

　現在、そのような仲間との出会いの場は幼稚園・保育所・認定こども園（以下、就学前施設）である。特に保育所や認定こども園ではきょうだい関係の不足を補完する目的でクラスを異年齢編成にする、いわゆる縦割り保育を実践しているところも多い。

　また、自然の喪失とさまざまな臨場感のあるゲーム機器の登場は、子どもが屋外で思い切り体を動かす機会を減少させたため、就学前施設では、さま

写真10-2　幼稚園での自由遊び

ざまな遊びを提供、実践し、子どもの心身の健全な育成を促している。わらべ歌などその土地の伝承遊びを保育に積極的に取り入れているのもその一つである。

このように子どもにとって就学前施設は、健全な心身の発達を図る場所であると同時に、人間関係を学ぶ仲間との出会いの場として大きな意味をもっている。

第2節 保護者とのソーシャルワーク的な関わり

2003（平成15）年に保育士が国家資格となり、社会における保育の重要性が認識された。その背景には、社会変化に伴う保護者の育児力低下や育児不安・児童虐待、認可外保育所での子どもの事故など、さまざまな社会問題の存在があり、保育者にはそれら多様な保育ニーズに対応できる専門性が求められた。

柏女霊峰によれば、このように保育士資格を法定化することにより、保育士の業務として以下の3点が明確になったとしている。まず1点目は、国が保育士を保育専門のプロとして認定することにより、名称独占[*1]など保育士の権利が認められる一方、守秘義務や信用失墜行為の禁止などの義務が課せられるようになったことである。同時に専門性向上のための知識・技術の向上が必至となり、自己研鑽（けんさん）の努力も求められるようになった。2点目は、児童福祉施設などの働く場所の規定が削除されたことで、保育士の働く場が施設の中にとどまらず地域社会に広がったことである。保育者の専門性は特定の領域にのみ精通していればよいというものではなく、広く社会の状況に合わせた広い視野も必要としている。3点目は、保育士の援助対象が子どもだけでなく保護者も含み、保護者に対する援助・指導も重要な職務になったということである。

[*1] 名称独占
法律で、資格取得者以外にその呼称や類似した紛らわしい呼称の利用が禁止されていること。保育士、保健師、管理栄養士等はこれに相当する。

子どもの育ちを支えるためにはまず、保護者の生活と気持ちを支える必要がある。保育所保育指針では、「入所する子どもの保護者に対する支援及び地域の子育て家庭に対する支援等を行う役割を担うものである」[*2]とあり、保育所に在籍する子ども・保護者だけではなく、その地域に在住する子ど

写真10－3　保育所の親子教室

[*2] 保育所保育指針第1章1「保育所保育に関する基本原則」(1) ウ

も・保護者をも支援することを明記している。

認定こども園においても在園および地域の保護者に対する子育ての支援が義務づけられており、子どもの利益を最優先しつつ、保護者の自己決定や自己選択を尊重することが必要であるとしている。

また、幼稚園教育要領でも、教育時間終了後の教育活動の留意事項として、「子育ての支援のために保護者や地域の人々に機能や施設を開放して、園内体制の整備や関連機関との連携及び協力に配慮しつつ、幼児期の教育に関する相談に応じたり、情報を提供したり、幼児と保護者との登園を受け入れたり、保護者同士の交流の機会を提供したりするなど、幼稚園と家庭が一体となって幼児と関わる取組を進め、地域における幼児期の教育のセンターとしての役割を果たすよう努めるものとする」[*3]と記している。幼稚園と保育所の保育内容の歩み寄りや認定こども園の昨今の拡充と合わせ、どの施設においても園と地域の子ども・保護者に対する積極的な支援が要請されている。

このように、保育者には施設内の子どもの保育をするだけでなく、施設および地域の保護者の養育向上に結びつくようなさまざまな支援が求められている。具体的には、乳幼児の育児・教育相談などで保護者のさまざまな不安を受け止めて相談に乗ったり、専門職としての立場から助言を行ったりすることである。その際心がけねばならないことは、一方的に保護者を指導するような上から下に教え諭すものではなく、ともに協力して育児をしようと保護者に寄り添う支援者としての姿勢である。

近年、児童虐待の痛ましいニュースが後を絶たず、児童相談所への相談件数は年々増加傾向にある。厚生労働省の調査によるとその多くが実母・実父によるものである。地域には、身近に相談をする人もなく、育児に不安をもちながら孤立している保護者も存在する。このような保護者の相談窓口となり、適切に対応をするためには、保健所や児童相談所、病院といった地域の専門関連機関との連携・協力が欠かせない。

就学前施設は、地域の子育て支援の拠点として、保護者が育児を安定した環境のなかで行えるよう支援する役目を担っている。保育者はソーシャルワーク[*4]を専門に行うことが職務ではないが、保護者への相談・助言等ソーシャルワーカー的側面を担うものとして意識することが重要である。

[*3] 幼稚園教育要領第3章「教育課程に係る教育時間の終了後等に行う教育活動などの留意事項」2

[*4] ソーシャルワーク
ソーシャルワークとは、何らかの生活課題を抱える人たちに対して、課題解決や自己実現、自立などの実現達成を支える活動のことである。具体的には、プライバシーの保護や保護者の受容と自己決定の尊重などを指し、保護者の気持ちに寄り添いながら、時には個別に関連機関と連携することで保護者が子育てに意欲や自信をもてるようにすることである。

第3節 保護者への支援事例から考えられる人間関係

この節では、就学前施設における保護者への支援事例をとおして、保育者

の保護者への関わり方について考えてみる。

●事例1　「ほったらかしじゃないですか」

　5人きょうだいの末っ子であるA児（0歳）のおむつを替えるとき、いつもおしりがただれていることに保育者が気づいた。おまけに体が臭うときもあり、家でお風呂に入れていないのではと思うこともしばしばである。母親には送迎のときに、「痛そうですね。一度お医者さんに診てもらってはどうでしょうか」と言うが、母親は「そうなんですよねぇ」とあいまいに口を濁すばかりである。何度も言うと、「わたしは忙しいので、先生が病院に連れて行ってもらえません？」と逆に頼まれる。保育者は母親が育児にあまりにも熱心でないと憤るが、どのように母親に伝えたらよいかわからなかった。
　そこで園長に、「Aちゃんは家でほったらかしにされているようです。もしかしたら育児放棄かもしれません」と事情を説明し伝えた。園長は黙って聞いていたが、「そうかもしれないね。でも、お母さんの立場に立って考えてごらん。5人の育ち盛りの子どもを育てて、どれだけ大変なことか。あなたが心配して何とかしてあげたいという気持ちもわかるけど、お母さんの大変さも受け止めてあげないと…。そういう気持ちでもう一度話してごらん」と言った。園長の言葉を聞き、保育者は自分が「育児をしていない母親」として責めるような話し方になっていたのかもしれないということに気づいた。
　翌日、保育者が「お母さんも毎日大変ですね」と母親をいたわるような気持ちを込めて話しかけながら、仕事のことや日頃の様子などを聞いたところ、「実は小学生のお姉ちゃんが子どもをお風呂に入れていたんです」と母親の方から話し出した。「いくら忙しくてもわたしが入れた方がいいのはわかっているのですけど…。明日、わたしが病院に連れて行きます」と言われ、保育者は驚いた。
　その後、A児は病院で診察してもらいおしりのただれも治った。保育者は母親とよく話すようになり、信頼関係が築けてきたという手応えを感じた。そして、改めて保護者に共感し、信頼して話すことの大切さを痛感した。

　保護者のもつ事情は一人一人さまざまである。保育者は、保護者支援を考

えるとき、ともすれば子どもの最善の利益を考えるあまり、保護者の事情や気持ちをあまり考えず、一方的な言い方をしていないかよく考えなければならない。保護者が責められていると感じ自分を防衛するような人間関係からは、子どもにとってよい結果は生まれない。反対に保護者の事情を受け止めながらその話に真剣に耳を傾けるときには、信頼関係が築かれるものである。

写真10-4　保護者との相談室（保育所）

● 事例2　発達障がいといわれて

> 　3歳児検診で発達障がいが疑われたB児の母親は、適切な園をあちこち探し、やっとC幼稚園に入園することになったが、「Bはこんなことはできませんし、あんなことはしたがりません」と不安でたまらない様子である。一方、幼稚園側は、B児は確かにじっとしていることが苦手そうではあるものの、母親が言うほどではないという印象をもっていた。それよりも朝のお別れやB児のことを話すときに見せる母親の不安な様子が気がかりであった。そこで、他のクラスの職員にもB児親子のことを伝え、園全体で見守るような態勢を整えた。
> 　内科検診のときも、「絶対に受けたがりません」という母親の予想に反して、「じゃあ、Bちゃん行こうか！」との担任の元気のよい一押しでみんなと一緒に受けることができた。そのことを母親に伝えると、「本当ですか」と驚きながらもほっとした表情をみせた。以後も日常生活や行事で母親ができないと思っていたことをB児が一つずつ克服すると、その都度担任は報告し続けた。
> 　また、事情を話して県の発達支援センターの専門職員にB児の様子を見てもらい、「Bちゃんは経験が足りないだけでしょう」と判断されたことも母親に伝えた。そのうち母親の気持ちも少しずつ落ち着き、それがB児にも伝わったのか、朝のお別れもずいぶんスムーズになった。園長は、B児の母親が「発達障がい」という言葉にこだわり、必要以上に不安になっていたのかもしれないと考えている。

子どもが家で見せる姿と園の集団生活のなかで見せる姿は必ずしも同じではない。この事例2の場合、保育者はありのままの子どもの姿を見て、むしろ母親が安心できるよう職員間で周知して協力態勢をとり、県の専門機関と連携を図った。その結果母親も落ち着き、子どもも本来の力を発揮できたのだと思われる。保護者支援を行ううえで地域の専門関連機関との連携は欠かせない。しかし、専門家の一言が保護者に重く響くことを保育者は常に意識する必要がある。

写真10－5　送迎時の保護者との話し合い（保育所）

● 事例3　お話をつくるのが好きなD児

　主任教諭はD児の様子が幼稚園の入園面接時から気になっていた。入園してからは部屋に入ることを拒み、他の子どもたちと遊ぼうとはしない。よくわからない理由で友だちをたたいたりする。その反面、大人と一対一で話すことを好み、お話を聞いたり自分で話をつくって聞かせたりするのが大好きであった。

　ある日、D児が友だちをたたいてけがをさせてしまい、けがをした子どもの保護者たちが園に苦情を言いに来たため、園長・主任教諭・保護者を交えた話し合いを行い、園の方針を理解してもらった。また、D児の両親には園での様子を伝え、「どうすればよいかを一緒に考えましょう」と話した。父親は話を聞いたことがきっかけで積極的にD児の育児に参加し、園の勧めに従い市の教育センターへ定期的に連れて行くようになった。

　その後、D児は少しずつ自分を抑制できるようになった。また、以前ほど感情的に友だちに手を出さなくなり、集団にも入れるようになった。さらに、年長クラスになり、生活発表会で劇遊びをすることになったとき、担任はD児の想像力豊かなお話を劇のなかに取り入れることにした。D児も満足して自分の役を演じた。

　卒園間際になり、教育センターから病院に行くことを勧められ、「高機能自閉症」と診断された。D児が自分の好きなこと、できることをして生きてほしいと願った両親は、その後小学校、中学校と進むときに直接校長に会いD児のことを説明し、D児にとっての教

> 育環境を考えている。そして今でも両親からはD児の近況を知らせるはがきが園に届いている。

　保育者にとって、日常生活に支障はないけれど「気になる」子どもがいる。それは子どもの発達に関するものなのか、それまでの環境に起因するものなのかは早急に結論を出せないが、しばらく様子をみたうえで、保護者や専門機関と話し合い、連携していくことが多い。

　その際、子どもの保護者の同意を得たうえで、他児の保護者の理解を得ることも大切である。また、母親だけでなく他の家族（この場合は父親）の理解も得て協力してもらえると、母親の負担が軽くなり、そのことが子どもによい影響をもたらすことが多い。

● 事例4　児童養護施設に預けたほうが…

> 　E児（0歳）の母親は、離婚後出産し、産休明けからE児を保育所に預けた。あるとき、E児が病院に入院することになったが、しばらくすると市の担当者から保育所に、病院でE児が預けっぱなしにされているとの連絡があり、市、病院、保育所の3者で相談した結果、E児が退院した後は保育所を中心にE児親子の様子を見守ることになった。
> 　その後、保育者や園長に相談しながら、E児に対する子育てでできることは少しずつするようになった母親であるが、E児が年中児のときに再婚をし、その頃からE児への対応が少し乱暴になっていった。保育者の前でE児を罵倒したり、時々E児の体にあざのようなものがみられるようになった。それについて母親に尋ねると、自分でつまずいて倒れたなどの答えが返ってきた。
> 　保育者からの報告を受け虐待を危惧した園長は、母親と話し合いをもった。母親の話を聞くなかで、反抗期を迎えたE児が自分の思うようにならないことにいら立ち、夫に対する遠慮もあって必要以上に厳しくしつけようとしていることがわかった。母親も自分で自制がきかない状態であったという。
> 　園長は市役所の担当者と話し合い、母親を説得して児童養護施設のショートステイ（短期入所）を利用することになった。その後も、ショートステイを何度か利用しながら、E児は無事に保育所を卒園することができた。

子どもの問題は、その背後にいる保護者の問題でもある。保護者による虐待について一方的に決めつけることはしてはならないが、日頃の様子から児童虐待が危惧される場合、保育者は園長・主任等に報告し、園長はすぐに児童相談所や市役所の担当者に連絡し、連携を図っていく必要がある。特に児童虐待の場合は、日々子どもを預かる就学前施設で発見されることもあり、専門機関同士がネットワークを組むことが必要となる。

● 事例5　地域でネットワークを組んで

> F保育所では一時預かり事業、夜間保育、放課後児童クラブなどの子育て支援事業を利用する地域の保護者が多い。そのため、児童相談所から定期的に保護者について確認があるなど、専門機関同士で連携を図っている。
> あるとき、地域の保健師からG児（3歳）の入所についての相談があった。G児は、母親、祖母の3人家族であるが、母親は現在うつの症状があり就労できないため、祖母が家計を支えている。母親は部屋に閉じこもり家事もできない状態であり、祖母としては成長するG児と2人で家に残しておくのも心配とのことだった。
> その後、保健師からの相談がきっかけでG児のF保育所への入所が決定した。また、祖母が懸念していたため、母親を病院で受診させたところ、統合失調症との診断であった。母親は短期入院を試すがなかなか好転する様子はない。その間、保育所側では、G児の育児相談に乗ったり、母親についての悩みを聞いたりして祖母を支え続けた。また、負担を少しでも減らすため、祖母に生活保護申請の助言を行い、保育所からの連絡で事情を知る市役所で受理された。G児はその後卒園するが、祖母は今でも保育所に立ち寄り、話をするのを楽しみにしている。

在宅育児をしている保護者のなかには、さまざまな問題を一人で抱え込み、悩んでいる人も少なくない。保健師がそのような保護者を訪問し問題をみつけることも多く、その場合、市役所や児童相談所・保育所など地域の関係専門機関がネットワークを組んで、保護者とともに対応を考えたり情報提供をするなど、子ども・保護者にとってより適切な方法を選択することになる。そのなかで就学前施設は地域の子育て支援の拠点としての機能を期待されている。

また、保護者支援が円滑に行えるように、就学前施設内での職員間の役割分担や協力も必要である。日々の保育については直接子どもに接するクラス担任が子どもや保護者に対応することが多いが、すべての問題を担任だけで担いきれるものではない。担任だけでの対応が難しくなるような場合には、施設の職員全員に周知し、子どもに対応したり、担任からの報告を受けた主任や園長が間に入り、他の専門機関と連携を図りながら保護者に対応することが必要である。

写真10－6　地域の保護者同士の交流（保育所子育てひろば）

【参考文献】

大場牧夫・大場幸夫・民秋言『新訂 子どもと人間関係』萌文書林　2008年

河邉貴子『遊びを中心とした保育－保育記録から読み解く「援助」と「展開」－』萌文書林　2009年

全国保育団体連絡会・保育研究所編『保育白書2017年版』ちいさいなかま社　2017年

民秋言編著『保育者論』建帛社　2004年

内閣府・文部科学省・厚生労働省『幼稚園教育要領・保育所保育指針・幼保連携型認定こども園教育・保育要領』チャイルド本社　2017年

橋本好市・直島正樹編著『保育実践に求められるソーシャルワーク－子どもと保護者のための相談援助・保育相談支援－』ミネルヴァ書房　2012年

帆足英一・長嶋正實監修『実践医療保育－「いま－現場からの報告－」－』診断と治療社　2007年

松本峰雄『保育者のための家庭福祉』萌文書林　2007年

無藤隆『3法令改訂（定）の要点とこれからの保育』チャイルド本社　2017年

百瀬ユカリ・小堀哲郎・森川みゆき編著『厳選保育用語集』創成社　2007年

【写真協力】

学校法人園田学園　園田学園幼稚園

社会福祉法人路交館　幼保連携型認定こども園聖愛園

第11章 子育て支援活動や預かり保育においての保育者の工夫や取り組み

第1節 地域子育て支援センターにおける親子支援

　近年においては少子化や、核家族化等地域のつながりの希薄化、そして、社会状況の変化により、保護者の子育てへの不安や孤立感の高まりなど、さまざまな状況が問題視されている。そのため、子育てにおいて、不安や悩みを相談することができずに、一人で悩みを抱え込むことのないよう、すべての子育て家庭を支える取り組みが必要となっている。

　これまで地域における子育て支援の充実を図る施策はさまざまに行われてきたが、本節では地域子育て支援センターでの子育て支援の事例をとおして、子育て家庭における親子のさまざまな人との関わり、保育者の支援をみていく。

　地域子育て支援センターの実施主体は市町村であり、児童福祉施設などに付設されているが、なかでも保育所に多く付設されている。地域子育て支援センターには、育児・保育に関する知識・経験を有する保育士などが従事しており、育児相談、子育てサロン、子育てサークル支援、プレママサロン、育児講座、育児情報の発信等を行い、まさに地域に根ざした支援活動の展開をしている。利用者は地域の未就園児の親子である。写真11－1、2は、そ

写真11－1　地域子育て支援センターで仲良しになった2人

写真11－2　地域子育て支援センターでの保護者と保育者の関わり

の地域子育て支援センターでの子ども同士の関わりや、保護者と保育者が関わっている様子である。

● 事例1　わたしの誕生日

A保育所内に付設されている地域子育て支援センター（以下、支援センター）では、支援センターに通ってくる子どもたちの写真が誕生日とともに、支援センターの壁面に貼ってある。

写真11-3　わたしの誕生日

支援センターでは、子どもの保護者たちの「B君は4月生まれなんですね。うちの娘も4月生まれなんです。日にちも近いですね」などの何気ない会話から関係が築かれることがしばしばみられる。気がつくと子ども同士もおもちゃで一緒に遊んでいる。

事例1のように、保育者は部屋の環境にも気を配る必要がある。何気ない壁面が親を和ませ、不安を和らげる役目をするのである。また、事例のように、壁に貼られた子どもの写真や誕生日などから、保護者同士や子ども同士の関係が築かれていくこともあるため、保育者はさまざまな環境を整える必要がある。

● 事例2　スパゲッティはどんな力になるの？

写真11-4は、C地域子育て支援センターの保育者がつくった、栄養のバランスパズルである。

この日も、3人の親子が「昼食で食べたり、飲んだりしたスパゲッティや牛乳は、どんな力になるのかな？」などと、子どもと一緒に考えながら、

写真11-4　栄養バランスパズル

第11章 子育て支援活動や預かり保育においての保育者の工夫や取り組み

「体をつくる」「熱や力になる」「体の調子を整える」の3色に分けられている表に、それぞれの食品のピースをはめ込んでいる。

　事例2では、バランスパズルという遊びをとおして、自然に食品名と栄養素がつながっていく。子どもと一緒に遊びながら保護者も学んでいき、栄養についての知識を深めていく。
　事例2では親子がパズルを行っていたが、このパズルは、保育者と子ども、あるいは子ども同士でも遊べるため、事例1と同様に保育者はさまざまな人が一緒に関わることができる環境を設定していくことが重要である。

● 事例3　地域子育て支援センターでの祖父母たちとのふれあい

　　D市の地域子育て支援センター（以下、支援センター）の参加者の特徴は、祖父母と孫が一緒に参加するケースが多いということである。支援センターがD市の保育所内に付設されてスタートした当初から祖父母の参加が目立っており、毎年定着していった。農村部であるD市は3世代同居家族も多いことから、祖父母たちが日中孫の面倒をみるケースも多く、1日の平均参加組数の3分の1は毎回祖父母の参加であった。そこで保育者は、祖父母たちの活躍の場を支援センターにおいてつくっていこうと、年間計画に毎年工夫を重ね、祖父母たちが主体になれる活動を取り入れた。これはまた、若い母親たちと祖父母たちとの関わりを増やすこと、子どもたちが異なる世代の人たちと関わる機会をもつという保育者のねらいでもあった。
　5月のある日は、祖父母たち5名の指導でちまきづくりを計画した。祖父母たちは、前日の準備から当日の指導まで20組近い親子の指導にあたった。熱心に指導を受けてちまきづくりを体験した若い母親たちは、お土産のちまきをもってうれしそうに帰宅した。

写真11-5　地域子育て支援センターでの祖父母との関わり

> このちまきづくりをきっかけに、支援センターの保育者は祖父母たちの活躍の場を取り入れ、若い母親や子どもたちは、野菜の苗植え・花の種まき、日本の伝承遊びであるお手玉やわらべうたなどを祖父母たちから学び、世代間交流が現在も行われている。そして、このようなことがきっかけとなり、若い母親たちが祖父母たちに子育ての悩みなどを相談するなど、望ましい関係づくりができている。また、祖父母たちにとっても、支援センターでの若い母親や子どもたちとの関わりが生きがいになっている。

　事例3では、保育者が祖父母を中心とした「ちまきづくり」を企画したことに始まり、その後は祖父母、母親にとって地域子育て支援センターは欠かすことのできない活動の場、生活の場になっている。また、世代を超えた集いの場でもあり、お互いがそれぞれの話を聴いたり話したりすることにより、育児や家庭での悩みなども解消できたりするなど、世代間交流が進んでいる。さらに、母親だけではなく、子どもたちも祖父母たちと関わるなかで、お手玉やわらべうたなどを学び、遊びが広がっている。

　保育者は、ただ単に行事を企画するのではなく、事例3のように、さまざまな人たちとの関わりが生まれるといった「ねらい」をもちながら、保護者等を支援していく必要がある。

●事例4　外国籍をもつ母親への子育て支援

> 　E保育所内に付設されている地域子育て支援センター（以下、支援センター）では、大勢の親子連れを保育者2名が迎え入れている。そんななか、F児と母親は初めて支援センターを訪れた。F児の母親は中国出身であり、日本に来て数年が経過しているが、日本語がまだあまり話せなかった。
> 　F児は入室すると早速遊具を見つけ、すぐに遊び始めた。しかし、母親は強ばった表情で入室し、保育者の話に耳を傾けるが、なかなか理解できない様子であった。
> 　その後、F児親子は何度か支援センターを訪れたが、支援センターにすぐに慣れたF児に対して、母親は他の母親と関わりをもつことができないでいた。そこで保育者は、F児の母親と年齢が近く、F児が支援センターでよく一緒に遊んでいるG児の母親をF児の母親

第11章　子育て支援活動や預かり保育においての保育者の工夫や取り組み

> に紹介した。初めは会話も少なかった2人であったが、これをきっかけに来園すると必ずお互いが意識し、次第に会話も弾むようになり、支援センター以外でも交流がみられるようになった。

　今日、国際結婚はめずらしくない。外国籍の母親たちは、日本語をしっかりと習得できていない場合や、F児の母親のようにまわりに知り合いもなく、地域で孤立していることもあるため、地域子育て支援センターには、外国籍の母親やその子どもの支援の場になるような役割が求められる。
　事例4では、保育者がF児の母親とG児の母親をつなげるきっかけづくりを行ったが、きっかけをつくったあとは、それぞれの主体性を大切に見守っていくことも必要である。

● 事例5　わが子の発達の遅れを心配し悩んでいた母親

> 　H保育所内に付設されている地域子育て支援センター（以下、支援センター）では、季節ごとに日本の伝承行事を活動に取り入れている。
> 　7月の七夕製作を実施しているときのことである。Ⅰ児の母親が製作の手を動かしながら保育者にわが子の発達の遅れを相談した。2歳5か月（2月生まれ）になるⅠ児は、まだほとんど会話が成り立たず、母親としては気がかりで仕方ないようである。また、支援センターには同年代の子どもたちが通っており、どうしてもわが子と比較してしまい、最近は毎日不安になっているとのことであった。
> 　Ⅰ児の母親から相談を受けた保育者は、子どもの発達には個人差があることや、どうしても1、2、3月生まれで月齢が低い場合は発達が遅く感じる場合もあることなどを話し、成長過程に問題があるわけではないのであまり心配しないほうがよいとのアドバイスをした。保育者のアドバイスを聞いて母親は曇っていた心が晴れたようで、その後は笑顔で七夕の製作に取り組んでいた。

　わが子の発達に不安を抱いている母親は少なくないが、核家族化や地域のつながりの希薄化などの影響もあって、まわりに相談できる人がいない場合もある。そのようななかで、地域子育て支援センターは、日頃から気がかりであったわが子の様子を相談できる貴重な場になる。

保育者は事例4のように、保護者同士あるいは子ども同士をつなぐ役割があるが、保育のプロとして、保護者の悩みに耳を傾け、適切なアドバイス等をすることも必要である。そのためには、地域子育て支援センターでの親子との人間関係づくりを大切にし、保護者が相談しやすい環境づくりに努めることが重要である。

第2節　預かり保育における保育者の関わり

　幼稚園では、通常の保育時間（標準を1日4時間とする）の前後や長期休暇中などに、地域の実態や保護者の要請に応じて、在園児のなかから希望者を対象に実施する預かり保育を行っている。ただし、預かり保育は教育課程に基づく活動ではない。このような活動は、職業などはもっているが、子どもを幼稚園に通わせたいという保護者に対する必要な支援策であるとともに、家庭や地域の教育力を補完し、その再生・向上につながるという意義をもっている。
　第2節では幼稚園の預かり保育の事例から保育者の関わりを学んでいく。

●事例6　預かり保育を嫌がるJ児（4歳児）

> 　K幼稚園では、平常の保育が2時に終了すると、預かり保育の子どもたちは専用の保育室へ移動する。J児も毎日のように一列に並んで出発するが、預かり保育の午睡が苦手であり、「今日はお母さんがお迎えにくるんだぁ」などと理由をつけてはなかなか移動できずにいる。
> 　ある日、J児がトイレから戻らずにいたため、保育者は、普段から何かと年下の面倒をみている年長児のL児に、「J君が保育室に移動するのが嫌みたいでトイレにいるんだけど、L君呼んできてくれない？」と声をかけた。L児は「わかった！　一緒に遊ぼうって言ってくる」と言って、トイレに向かった。そしてL児は、「J君大丈夫だよ。一緒にお部屋に行って遊ぼう」とJ児を誘った。すると、保育者が言ってもなかなか行動に移せなかったJ児が、L児の一言で保育室に移動できた。そしてその後は2人で楽しく遊ぶ姿がみられた。

預かり保育のなかで午睡を取り入れている園も少なくない。4歳児のJ児は午睡が苦手であり、預かり保育室への移動がなかなかできないでいたが、年長児のL児の誘いによってスムーズに保育室に移動できた。このように保育者ばかりでなく、友だちや異年齢の子どもとの関わりによって子どもたちの行動への意欲が生まれる場合もある。

　保育者は、普段からL児が年下の面倒をよくみていることを知っていたため、あえてL児に呼んできてもらうように頼んでいる。保育者に促されたうえでの行動ではあったが、L児の言葉には、年下の子どもに対する思いやりの気持ちや態度が表れている。このように、預かり保育においては、年齢別の保育と違って異年齢の子ども同士の関わりが多いため、子どもたちはさまざまな感情を経験し、この体験をとおして豊かな心を育てていくのである。

【参考文献】
文部科学省「重要対象分野に関する評価書－少子化社会対策に関連する子育て支援サービス－」http://www.mext.go.jp/a_menu/hyouka/kekka/08100102.htm（平成25年3月13日閲覧）

【写真協力】
大釜保育園子育て支援センター
社会福祉法人創世福祉事業団　霊山三育保育園
武蔵野市立0123はらっぱ

第12章 多文化保育と人間関係

第1節 多文化共生社会と人間関係

　多文化共生とは、自分とは異なる文化をもった人に親しみをもち、お互いの文化や考え方を理解し、地域社会を支える主体としてともに生きることである。そのためには、人間関係づくりのためのスキルを身につけることが大切であり、領域「人間関係」は、多文化共生社会の実現に関わるものであると考えられる。

　法務省入国管理局によると、2016（平成28）年末現在における中長期在留者数は約204万人、特別永住者数は約34万人で、これらを合わせた在留外国人数は約238万人となり、前年末に比べ約16万人（6.7％）増加し、過去最高

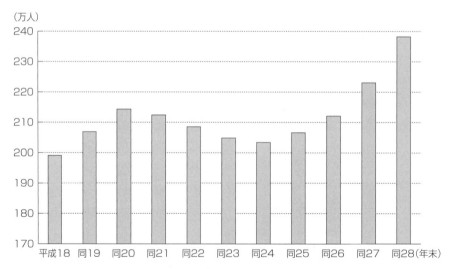

図12－1　在留外国人数の推移

（注）1．平成23年末の統計までは、当時の外国人登録者のうち、現行の出入国管理及び難民認定法第19条の3に規定する「中長期在留者」に該当し得る在留資格をもって在留する者および「特別永住者」の数である。
　　　2．平成24年末の統計からは、「中長期在留者」および「特別永住者」の数である。
出典：法務省「平成28年末現在における在留外国人数について（確定値）」を一部改変

となった（図12−1）。そのうち、未就学の乳幼児数（0〜5歳）は、約10万人である。

　こうした状況を背景に、わたしたちのなかには、言語や日常生活習慣、規範、価値意識、宗教等異なる行動様式などに出会うとき、無意識のうちに異文化として意識するという構造がある。言葉が通じない外国籍乳幼児と日本人乳幼児とのコミュニケーションがうまくいかずに、登園を嫌がり、幼稚園や保育所、認定こども園（以下、就学前施設）を退所していった例も聞かれる。はたしてそれは子ども同士の関係だけの問題なのだろうか。その背後の外国籍保護者は、日本人保護者、あるいは保育者とのコミュニケーションをうまく取っているのだろうか。この章では、就学前施設で育っていく外国につながる子ども[*1]たちの人間関係を考えてみる。

*1　外国につながる子ども
外国籍の子ども、両親のいずれかが外国籍の子ども、帰国子女の子どもなど、言語文化背景が異なる子どもを「外国につながる子ども」と定義する。

第2節　外国につながる子どもとの関わり

（1）首都圏一公立保育所の事例

①　首都圏一公立保育所の概要

　第2節では、外国につながる子どもたちを受け入れて、子どもの言語や保護者等とのコミュニケーションについて先進的実践を進めている首都圏の一公立保育所をもとに、日本語を母語としない子どもとの関わりについて考える。

　神奈川県営団地に隣接している一公立保育所は、1976（昭和51）年12月に開設された。定員は72名（6か月から5歳児）、平日の開園時間は7時30分から18時30分である。園舎は鉄筋コンクリート2階建てで、2階には広いベランダがある。当初は定員100名で発足したが、近隣の子どもが次第に減少し、1987（同62）年度には定員が60名に変更になった。その後、外国につながる子どもの増加により、1999（平成11）年度から72名の定員となり現在に至っているが、100名の定員で発足したため、各保育室とも子ども一人当たりの面積は基準よりもやや広くなっている。

　この地域に外国につながる子どもが増加した背景は、1998（平成10）年まで隣接する町に「インドシナ難民定住促進センター」があったことが関係する。センターを出たインドシナ難民の人々が徐々に団地に住むようになり、近年は難民の人々が呼び寄せた家族に加え、中国帰国者家族[*2]等も入居するようになった。

*2　中国帰国者家族
第二次世界大戦敗戦時に中国に取り残され、その後長期間にわたって中国で生きてきた日本人。中国で生活していたため、中国人家族（二世・三世・配偶者）がおり、家族分離を避けるため中国帰国者の家族として、永住を目的に日本へ入国している。

表12－1　保護者の国別子ども内訳

	0歳	1歳	2歳	3歳	4歳	5歳	合計	比率(%)
ベトナム	5	6	6	5	7	11	40	50.6
中国		1	5	5	1	3	15	19.0
カンボジア	1	1			1	1	4	5.1
ラオス		1				1	2	2.5
タイ				1			1	1.3
ペルー						1	1	1.3
バングラデシュ						1	1	1.3
エジプト					1		1	1.3
アメリカ					1		1	1.3
ブラジル						1	1	1.3
日本		1	1	5	1	4	12	15.2
外国籍　計	6	9	11	11	11	19	67	
合計	6	10	12	16	12	23	79	
外国籍児童比率(%)	100	90	92	69	92	83	85	

（注）2009（平成21）年8月20日現在

　子どもの出身国については表12－1のとおりであり、ベトナム・中国・カンボジア・ラオス・タイ・ペルー・バングラデシュ・エジプトなどさまざまな国の子どもが一緒に生活する国際色豊かな保育所である。約85％が外国につながる子どものため、お互いに違いを認め合うことを大切にしている。

② 首都圏一公立保育所での保育者と園児との関わり

　写真12－1は、外国につながる子ども同士でけんかになった場面である。保育者はけんかの原因の聞き取りをし、解決まで丁寧に対応している。もちろん、日本語での対応である。すぐ隣では、日本人の女児が心配そうに保育者の言葉を聞いている。

　写真12－2は、日本古来の「案山子（かかし）」[*3]を保育者がつくっている様子である。外国につながる子どもが「これってなあに。何に使うの」と真剣なまなざしで聞いている。

[*3] 案山子（かかし）
竹や藁などでつくった人形であり、田畑に立てて、鳥獣が近寄るのを脅し防ぐもの。

写真12－1　トラブル発生

写真12－2　案山子づくり

（2）人と関わる力を育てる

　保育所保育指針に、保育全般に関わる配慮事項として「子どもの国籍や文化の違いを認め、互いに尊重する心を育てるようにすること」[*4]とあるように、さまざまな子どもと多様な体験を積み重ねることが、子どもたちの心身の調和の取れた発達を促し、それによって人と関わる力が育っていくと考えられる。また、子どもたちがごく自然にお互いを受け入れることによって、それが、それぞれの国や地域の文化・伝統・習慣等について理解し認め合う心を育てるのである。

　外国につながる子どもが入園した場合、保育者の外国語での対応や、保育内容等、解決しなければならないことも出てくるが、前述の首都圏一公立保育所の例にあるように、保育者が日本語で対応しても、子どもたちは成長とともに日本語を使えるようになるという子どもの力を信じ、まずは、外国につながる子どもを積極的に受け入れてほしい。

*4
保育所保育指針第2章4「保育の実施に関して留意すべき事項」(1)オ

第3節　異文化理解のための関わり

（1）保護者とのコミュニケーションをとおして

①　首都圏一公立保育所における保護者との関わり

　第2節「外国につながる子どもとの関わり」で述べたが、就学前施設に通園している子どもは日本の環境に適応できる可能性をもっている。問題は保護者（母親）である。外国につながる子どもの保護者のなかには、いずれ母国に帰ると考え、積極的に日本語を覚える努力をしない（自分）、させない（子ども）場合がある。就学前施設に通園している子どもの場合は、他の子どもとのコミュニケーションを通じて自然に覚えることが多い。しかし、保護者の場合、日本語を覚えよう、地域と関わりをもとうという積極性が必要になる。

　前述の首都圏一公立保育所では、保護者が日本語をうまく使えなかったり理解が十分できていなかったりするため、保護者との意思疎通を行うためにさまざまな工夫をしている。たとえば、対応についてのマニュアルを策定している。それはコミュニケーションの取り方や生活習慣等について記載しており、「文化の押し付けや同化ではなく、信頼される仲間を目指す」となっている。また、4か国の言語別（日本語・ベトナム語・中国語・英語）に入

園説明会を行い、その後の保護者との面接では通訳をつけ、十分に意思の疎通を図るようにしている。また、面接時に把握した事項は、日々の保育に生かしており、担任以外にも知っていてほしい特別の事情等がある子どもや保護者に関しては、職員会議等で報告し、全職員が情報を共有するようにしている。さらに、日本語の文章を読むことが困難な保護者が多いため、連絡帳は使用せず、迎え時に園での子どもの様子を口頭で伝え、時には、通訳や保育サポーター（通訳を兼ねたボランティア。各国語で計20人程度が登録している）を介して伝えている。また、その日の遊びの様子を写真に撮って掲示をし、4か国の言語で簡単な説明をつけた絵カードで、何をやったかを伝えるなど、園全体が一丸となって外国につながる子どもの保護者への支援をしている。

書類等の翻訳においては、年度初めの言語別懇談会（国別懇談会）で保育目標を話すとともに、毎月4か国の言語による「えんだより」に、クラスの月のねらいを載せている。

また、首都圏一公立保育所では、ボランティア団体・地域と協力して、毎週1回「子育てサロン」を開催している。これには、日本人・外国につながる親子合わせて10組前後が参加するが、子どもたちを遊ばせる場であるとともに、保護者たちの交流の場となっている。特に、子どもが遊んでいる間に、ボランティア団体による日本語教室が開催されるなど、保護者が日本語を習うことができるよう工夫されており、外国につながる家庭への支援を園と地域が一体となって行っている。

② 地域における関わり

以下は、岩手県一戸町の地域の人々と外国からの研修生や女性配偶者との交流の事例である。研修生として来日し、地域交流会等で知り合い、結婚につながることもある。

写真12－3は、その地域の交流会に積極的に参加する外国からの研修生や

写真12－3　地域交流会

写真12－4　料理講習会

第12章　多文化保育と人間関係

女性配偶者の姿である。この交流により、顔見知りになり、近くの日本人が外国籍の人々を気にかけ、声をかけるようになった。外国につながる子どもたちの環境もこれにより大きく変わっていった。

写真12-4は、外国からの女性配偶者による料理講習会の様子である。地域の高齢者はもちろん、広報で知った近隣の人々も参加して、ベトナム料理に欠かせない「ベトナムフォー」づくりを行っている。子どもも一緒に参加し、母親の国の料理を覚えようと真剣である。

（2）家族以外の支援者の存在

外国につながる子どもの育ち、教育においては、家族以外の支援者の存在が欠かせない。近くの日本人が気にかけて声をかけるだけでも、子どもたちの環境は大きく変わる。さらに、日本で生活し、過去に同じ経験をしている外国につながる子どもの保護者による支援は、不安と困難を抱えながら子育てをしている保護者にとってわかりやすく、自信につながる。

ただし、まわりの支援はもちろんであるが、自ら質問して日本語を教えてもらうなど、保護者自身も積極的に地域と関わる努力が求められる。

第4節　ともに支え合うための関わり

厚生労働省の「婚姻に関する統計」によると、2015（平成27）年の国内の婚姻件数は63万5,156件で、そのうち国際結婚した件数は2万976件となっている。国際結婚比率は3.3％で、30組に1組という結果である。2006（同18）年の「16組に1組」と比べるとかなり減っているが、特にわが国の農村部の過疎化が進むなかで、発展途上国から農村部への女性配偶者の流入は現在も進んでおり、これらの地域の子どもの増加による活性化と、国際結婚という多文化共生を育むものになっている。外国につながる子どもの育ちの課題は、「言葉」「ライフスタイルや価値観」「子育て支援」「家族関係づくり」「社会関係づくり」など多岐にわたるが、第4節では子どもや保護者の支援に焦点化する。その理由は、多文化にまたがる子どもたちの社会的認知とQOL[*5]の保障が至急の課題であると考えるからである。

次の表12-2[*6]は、岩手県町村部で国際結婚をした女性配偶者の生活実態である。

岩手県町村部では、女性配偶者不足対策として、仲介人をとおして女性の

*5　QOL
Quality Of Life の略。ある人がどれだけ人間らしい生活や自分らしい生活を送り、人生に幸福を見出しているか、ということを尺度としてとらえる概念。

*6
2008（平成20）年の調査をもとに筆者作成。

表12-2　岩手県町村部の外国人登録者

名前・在留資格	基本属性（出身・家族）	結婚前の仕事	結婚の経緯
A(28)永住	マニラ・ラグーナ出身 夫(44)、娘(5・幼稚園)、夫の母	日系自動車部品工場の製品チェック部門	2002年4月に結婚ブローカーの紹介でお見合いをし、1週間後に結婚。ビザの関係で8月に来日。
B(31)永住	マニラ・マリキーナ出身 夫(55)、娘(5・保育園)、夫の両親	デパートの販売員	Aさんと一緒にお見合いをし結婚。一緒に来日する。
C(37)永住	マニラ・モンタルバンビサヤ出身 夫(51)、娘(8・小2)	デパートで靴のセールス	1998年に結婚ブローカーの紹介でお見合いをし、3か月後に結婚。その年の5月に来日。
D(39)永住	マニラ・セブ島出身 夫(51)、長男(21・連れ子)、二男(19・連れ子・大学生)、三男(15)、長女(13)、夫の両親	観光会社勤務	1990年に結婚ブローカーの紹介で結婚。同年11月来日。

（注）カッコ内の数字は年齢

表12-3　岩手県町村部一企業での外国人登録者

名前・在留資格	基本属性（出身・家族）	結婚前の仕事	結婚の経緯
A(41)永住	ベトナム・ハノイ出身 夫(51)、長男(11・小5)、二男(5・保育園)、夫の母	現地での採用条件が縫製経験者のため、縫製関係の仕事をしていた。	岩手県町村部の縫製会社での職場結婚（1998年）。
B(35)永住	ベトナム・ハノイ出身 夫(45)、長女(9・小3)、長男(5・保育園)、夫の母	Aに同じ	地域の交流会で知り合い、1990年結婚。
C(36)永住	ベトナム・ハノイ出身 夫(48)、長男(6・保育園)	Aに同じ	友人の紹介で2003年結婚。
D(38)永住	ベトナム・ハノイ出身 夫(48)、長男(7・小1)	Aに同じ	地域の交流会で知り合い、2002年結婚。
E(36)永住	ベトナム・ハノイ出身 夫(48)、長男(5・保育園)、夫の両親	Aに同じ	友人の紹介で2004年結婚。
F(34)永住	ベトナム・ハノイ出身 夫(44)、長女(4・保育園)、夫の妹、夫の両親	Aに同じ	友人の紹介で2005年結婚。

（注）カッコ内の数字は年齢

出身国でお見合いを行った。通常、お見合い後、現地で結婚式を挙げ、女性のビザがおり次第、来日するというスケジュールである。女性の出身国はフィリピンが多く、今回インタビューを行ったのもフィリピン人女性4名である。この4名は、専業主婦やパートをしながら子育てをしている。自身が日本語を覚えるために大変な苦労をし、また、子どもの国籍は夫の国籍である日本にすることから、生まれてきた子どもには、日本語を使い、母語であるタガログ語（フィリピン国語）は使用していない。

表12-3[7]の岩手県町村部は岩手県北部に位置し、農業中心の町であるが、調査対象企業は縫製工場[8]である（写真12-5）。ここでは、20年前よりベトナムから研修生を招いている。直接ベトナムから募集しているのではなく、

[7] 2010（平成22）年の調査をもとに筆者作成。

[8] この工場では、オーダーメイドの紳士服を中心に製作している。

受け入れ団体（日本）をとおして受け入れている。受け入れ当初は年1回5名程度であったが、現在は年2回10名ずつ受け入れている。また当初は、ホーチミン北部の農業地域の30代の女性が主であったが、現在では、ハノイに在住している20代女性がほとんどである。今回調査したのは、この企業で研修、実習後そのまま企業で働き、地域在住の日本人と結婚して日本人の配偶者となり、子育てをしながら現在もこの企業で働いているベトナム人女性の6名である。

写真12-5　縫製工場内

　表12-2、表12-3の生活実態からわかるとおり、外国につながる子どもや保護者の場合、ほとんどが日本人の夫の家族と同居である。

　外国籍の人々の一番の心配事は、日本語が話せないことである。しかし、岩手県町村部の事例は、日本語能力が不足し、まわりとのコミュニケーションに不便を感じるとき、地域のなかに溶け込むことができず、付き合うことにためらいを感じているとき、あるいは、子どもが困っていてもその悩みを理解できずに親子で不安になるときも、祖父母が一緒に生活をしている、あるいは夫のきょうだいが生活をともにしている場合が多く、この場合は、子どもの日本語の発達にあまり問題はなく、まわりともコミュニケーションが取れていることがわかる。

　外国につながる子どもや保護者たちが日本の生活に、あるいは日本での学習に自信をもつことができるようになると、その子どもや保護者たちが本国にいる親戚などを呼び寄せるなどして日本に定住するようになる。そしてそれは、わたしたちの外国人や外国につながる人々の理解となり、多文化共生社会の実現となる。

　子どもたちが成長したとき、日本での育ちや日本で受けた教育が人生の財産だと思えるような環境であってほしいと願う。そのためにも、外国につながる子どもの育ちを保障する制度や政策の確立が、ともに支え合うためのよりよい関わりを促すと考える。

【参考文献】
一戸町国際交流協会設立10周年記念誌『交流の輪を広げよう』　2009年
一戸町男女共同参画基本計画　2006（平成18）年3月
伊豫谷登士翁編『移動から場所を問う』有信堂高文社　2007年
岩手県地域振興部「岩手県多文化共生推進プラン」　2010（平成22）年2月
岩手県地域振興部NPO・文化国際課「2010年いわて国際要覧」
大場幸夫・民秋言・中田カヨ子・久富陽子『外国人の子どもの保育』萌文書林　1998年
厚生労働省『保育所保育指針』フレーベル館　2017年
咲間まり子『多文化共生社会における子どもの育ち-首都圏一公立保育所と岩手県町村部の外国につながる子ども-』国際幼児教育研究第19号　国際幼児教育学会　2011年
民秋言編『幼稚園教育要領・保育所保育指針の成立と変遷』萌文書林　2008年
宮島喬・太田晴雄編『外国人の子どもと日本の教育－不就学問題と多文化共生の課題－』
　東京大学出版会　2005年
文部科学省『幼稚園教育要領』フレーベル館　2017年

【写真協力】
首都圏一公立保育園
一戸町国際交流協会
日本ソーイング株式会社（縫製工場）

第13章 「人間関係」の指導計画

第1節 保育に関する計画

　保育に関する計画には、保育の全貌を示し、幼稚園において編成される「教育課程」と、保育所並びに認定こども園において編成される「全体的な計画」がある。そして、教育課程・全体的な計画を具体化するために作成される「指導計画」がある。

（1）教育課程・全体的な計画

　教育課程・全体的な計画は年齢ごとの特徴をふまえ、ふさわしいねらいと内容によって構成される計画であり、乳幼児期に必要となる体験を得るために計画されるものである。また、子どもたちが集団生活のなかで自分の周囲に興味・関心をもって積極的に関わり、いかに主体的に活動に取り組むことができるかを主軸にして展開されている。

　教育課程・全体的な計画は園生活の全体設計図であり、「どの時期」に「どのようなねらい」をめざして、「どのような指導をしていくか」の拠り所となる計画といえる。園の目標をはじめ、入園してから卒園するまでの園生活のすべてを網羅しているのが教育課程・全体的な計画であるが、毎年編成・変更されるものではない。ただし、修正や改編の必要があれば毎年編成・変更されることもある。

（2）指導計画

　指導計画は、保育者が「子どもたちが園生活のなかで何を求め、何をしようとしているのか」という観点から、子どもの発達の姿と活動を把握し、豊かな園生活と充実した発達（心情・意欲・態度）を保障できるように具体的

に指導や支援のあり方を描くという、いわば保育者が立てた仮説と呼べるものである。指導計画は、おおまかには長期計画（年間・期間・月間）と短期計画（週案・日案）の2つがある。指導計画を構成する要素としては、①「子どもに体験させたいこと（活動の内容）」「活動の内容をとおして育てたい力（内容のねらい）」、②環境の構成、③活動の予想、④保育者の支援などがある。

(3) 長期の指導計画

　年間指導計画は、年度ごと（4月～翌年3月）の生活を見通して立案される計画であり、年度末に年間での保育を振り返り、その振り返りをとおして得られた反省をもとに、次年度の年間計画を作成していく。計画を作成する際には、季節の変化や行事などを考慮する必要がある。

　期間指導計画は、子どもの発達の節（変化）をとらえたものである。たとえば、入園・進級直後の4・5月と比較的落ち着いてくる6・7月とを区切って、「4・5月を1期」「6・7月を2期」とし、保育のねらいを変化させるのである。しかし、どこを区切るのかは園によって異なり、また学年によっても異なってくる。また、年間指導計画と期間指導計画を別々に立案する場合もあれば、一緒に立案する場合もある。

　月間指導計画（月案）は、年間指導計画を具体化するために、1か月の生活を見通して立てる指導案である。したがって、子どもの実態に即した計画になるよう、季節や行事、子どもの成長の姿・様子、生活の変化などに考慮しながら作成する必要がある。また、単純に年間指導計画を分割するのではなく、経験してほしいこと（ねらいと内容）を記し、そこからどのような環境設定や支援が必要になるのかが十分理解できるものでなくてはならない。

(4) 短期の指導計画

　短期指導計画は、週間指導計画（週案）と日の指導計画（日案）とに分かれる。週間指導計画は、月案実施のために子どもの生活の継続性を考えながら見通しを立てる計画であり、日の指導計画は、1日の生活が楽しく充実したものになるよう、子どもの活動を予想しつつ、環境を構成しながら、1日の子どもの生活時間を見通して立てる計画である。短期指導計画が「短期指導計画＝保育者が作成したスケジュール表」にならないよう注意していく必要がある。

　個々の子どもについては、週間指導計画ではその週にどのような点に配慮

して支援していくべきかを記入し、日の指導計画には、配慮すべき子どもや保護者に確認することなどを記入していくことになる。この週間指導計画や日の指導計画を他の保育者たちと共有することで、互いにその日のねらいへの活動が明確になる。たとえば、「(園庭に) 異年齢の子どもが集まりそうだ。補助の先生にも園庭にいてもらおう」などの調整がスムーズになる。

(5) 評価と改善

　前述した一連の指導計画は、保育者が計画を立て、実践をとおして自己評価し、反省点を浮き彫りにして、次の指導計画に生かしていくことが求められる。このサイクルが「保育の質」を高めていくことにつながる(図13−1)。このように、子どもの姿や地域の実情等をふまえつつ教育課程等を編成し、指導計画の計画・実行・評価・改善を図っていくことを「カリキュラム・マネジメント」という。ここで留意したいのは、保育は一人で行うものではないため、保育者同士で話し合ったり、相談したり、意見を交換したりしていく必要があるということである。自分以外の視点を参考にしていくことで、見落としていた課題点や逆によかった点などに気がつくことが可能となる。

図13−1　保育の質を高めるPDCAサイクル

(6) 指導計画作成上の留意点

① 主体性と指導計画

　子どもへの保育は、遊びをとおして行われるものであり、子どもの主体的・意欲的な遊びを中心として、心身の発達を保障することに重点を置いている。では、子どもの主体性を重んじて、「遊ぶ環境さえ整えば、指導計画は必要ない」のかといえばそうでもない。保育現場において、子どもの遊びの自由

性や自発性を大切にしていくことと保育者のねらいや意図に沿って遊びを展開していくことの双方のバランスを取ることは難しく、子どもの「自発性」と保育者の「指導性」は、相反するもののように感じられるが、保育者が子どもに適切な「遊ぶ環境」を与えるためには、計画性・意図性をもって指導計画を立てていく必要がある。

② クラス全体に共通する姿と個別的な姿

　幼稚園、保育所、認定こども園を問わず、どのクラスにおいてもそのクラスの子どもに対するねらいと内容、環境構成と支援の方法が指導計画に盛り込まれているが、保育現場ではクラスの子どもたちが同じように行動し、同じように発達していくわけではないため、一人一人に合わせた指導計画も必要になる。特に、乳児期の子どもは発達過程に個人差があるため、クラス全体に共通する姿のみをとらえて保育実践をしていくと、「保育者の思いが先行している保育」に陥ってしまうことがある。そこで、クラス全体に共通するねらいや内容とともに、一人一人の動きが具体的に浮かんでくるように計画を立てることが求められる。また、全体に共通する姿と個別の姿の両面から、具体的に指導・支援の方法をイメージしていくことが大切となる。

③ 保育者の役割を示す

　保育者は、子どもが自発的に活動し、さまざまな経験を積んでいくことができるよう配慮するとともに、子どもにとって豊かな人的環境もつくっていかなければならない。

　幼稚園教育要領、保育所保育指針、幼保連携型認定こども園教育・保育要領に、保育者が子どもに対して多様な関わりをもつ必要性が述べられているように、子どもたち一人一人が確実な発達を遂げていくためには、保育者にはさまざまな役割が求められる。たとえば、子どもを理解する人、支援する人、共感する人、規範意識を高めてくれる人、あこがれの人、共同作業をする人など、保育者には多様な「人」としての役割があり、状態や状況に応じて変化していかなければならない。指導計画にはそのようなさまざまな保育者の役割をその活動の展開に応じて、いつどのように果たしていくのかを具体的な形で示していく必要がある。

④ 子どもの体験の質と方向性を柔軟にする

　「子どもたちが園生活をとおしてどのような体験をしているのか」「この体験が個々の子どもたちにとってどのような意味があるのか」など、友だち同士の関係性や長期的な見通しをもちながら計画を立て、実践していくことが必要である。人と関わっていく力は、一人一人がさまざまな体験をしていく過程のなかで獲得していく。そのため保育者は、子どもの育ちの方向性を予

測しながら、その都度支援内容を変化させていく柔軟さが求められるのである。

⑤ 多様な関わりを保障する

　保育者は子どもたち同士が、互いをどのようにとらえ、支え合って遊んでいるのかをみていくことが大切である。また、たとえば「走るのが速い」「電車に詳しい」など、保育者は子どもたちが互いによいところを認め合うような雰囲気を醸成したり、相手の特徴がみえてくるような関わりを支援したりする必要がある。

　園生活では、多様な子どもがいて、それぞれが自己を発揮していく。保育者は、子どもと一緒になって遊び、子どもたちが子どもたち同士でさまざまなものを吸収していることを認識し、できないこともできるようになるような支援を心がけたい。

　さらに、異年齢や地域の人たちとの交流を経験することも必要であるため、人との関わりのなかで学び取っていく喜びを味わっていけるよう、積極的に指導計画のなかに取り入れていきたい。

第2節　指導計画の作成

（1）領域「人間関係」と指導計画

　これまで学習したように、子どもは自身を取り巻く環境のなかで、さまざまな他者とつながり、人間関係を構築していく。そして、人間関係を構築することによって、子どもの生活そのものが豊かになり、さらなる発達が促されていくのである。そのため保育者は、子どもが日々の保育のなかで人と関わる力を養うことができるよう、子どもの保育環境を整え、適切な支援を考えて実践していくのである。その際に重要になってくるのが指導計画なのである。

　指導計画を考えてみると、「人間関係」のみを育てるという活動はない。子どもには、遊びを中心とした総合的に展開される生活があり、その生活をとおして、充実感を味わったり、自己の存在感をもち積極的に友だちと関わったり、共感や思いやりをもったりする。つまり、遊びのなかには「人間関係」とともに他の領域（「健康」「環境」「言葉」「表現」）が含まれており、相互に関連しながら子どもの発達を促しているのである。保育者はこのことを理解して指導計画を立てていくことが重要である。

（2）事例からみる指導計画

　ここでは、ある幼稚園の5歳児7月の月案（表13-1）と、それをもとに作成された週案（表13-2）、日案（表13-3）を例示する。

　例示した月案、週案、日案の下線部が領域「人間関係」に深く関わる部分だが、他の領域（「健康」「環境」「言葉」「表現」）とも深く関わっていることがわかる。また、すべての指導計画における保育者の関わりとして、子ども同士をつなぐ意識をもちながら支援していることも理解できる。

表13-1　月間指導計画（月案）

2017年7月		つき組（5歳児）
子どもの姿	・気の合う友だちと新しい材料や遊具などを使って、自分の遊びのイメージを実現しようとする。 ・色々な素材や遊具を使って、自分なりに試したり、工夫したりして遊ぶことを楽しむようになる。 ・自分の思いや意見を積極的に相手に伝えようと関わるが、思い通りに伝わらず、ぶつかり合うこともある。 ・プール遊びをとおして水に親しむ。 ・行事に見通しをもって過ごす。	
ねらい	・自分のイメージや意見を出し合いながら、友だちと遊ぶ楽しさを味わう。 ・自分のしたいことを実現しようと、試したり、工夫したりする。	
環境構成と支援ポイント	・遊びが発展するように材料や用具の種類、提示の方法や場の構成を工夫する。 ・自由に工夫したり、イメージを実現していくための材料・用具を用意する。また、さまざまに試したり、工夫したりしている姿を友だちに伝え、刺激し合えるようにする。 ・自分なりの目的をもって挑戦するよう、繰り返し取り組める固定遊具（登り棒、うんていなど）での遊びを促したり、用具を整えたりする。 ・遊びをとおして、思ったことや考えたことをお互いに出し合えるように、友だち関係に配慮しながら、自分の力が発揮できるようにする。 ・自分で選んだ場が、より友だちとのつながりがもてる場になるように、イメージに合う遊具や素材を提示したり、お互いの動きが見えるように支援したりする。	

第13章 「人間関係」の指導計画

表13－2 週の指導計画（週案）

2017年7月 第1週 7月3日（月）～7月7日（金）				つき組（5歳児）
週のねらい	・気の合った友だちと考えや思いを出し合いながら遊びを楽しむ。 ・夏祭りに出すお店や商品をつくる遊びを楽しむ。 ・プール遊びの約束を覚え、水に親しむ。			
子どもの姿	・友だちと教え合ったり、意見を交換し合ったりしながら遊びを楽しむ。 ・友だちのアイディアを取り入れて遊びを楽しむ。 ・行事に期待をもったり、見通しをもったりして過ごす。			
日	曜日	子どもの活動	保育者の支援・留意点	環境構成と準備
3	月	・仲の良い友だちと色水遊びをしたり、シャボン玉遊びをしたりする。 ・お互いに遊び方を考えたり、伝え合ったりする。	・遊びに興味がもてるように、色水やシャボン玉の楽しさを伝えていく。	・晴れ間に泥遊びや水遊びなどを楽しめるような場を設けておく。 ・絵の具、シャボン玉液、ペットボトルなどを用意しておく。 人数分用意する
4	火	・昨年行われた園での夏祭りの写真を友だちと見たり、話し合ったりしながら、夏祭りのお店を再現しようとする。	・その子なりの工夫や意見を認め、友だちやクラス全体に伝えていく。	・夏祭りの写真を保育室に展示しておく。
5	水	・色々な素材を組み合わせて、夏祭りに出すお店の商品を協力してつくる。 ・思いの行き違いからトラブルになるが、自分たちで解決しようとしたり、間を取りもつ子どもが出てきたりする。また、自分なりに気持ちを立て直したりする。	・お互いに思いを出し合いながら、遊びや製作を進める姿や、問題を解決しようとする姿を見守ったり、保育者も仲間の一員として意見を出し、考える手立てを示したりする。	・夏祭りに出すお店の商品の製作材料などは、自由に取り組めたり、自分たちで片付けができるような場を設けて置いておく。

6	木	・夏祭りのお店に必要な場や物を探し、本物に近づくよう材料や作り方を工夫したり、友だちと相談したりする。	・製作が広がるように、材料や用具の種類、提示の方法や場の構成を工夫したり、子どもたちに投げかけたりしてみる。	・つくりたくなるような物を子どもの目のつくところに置いておく。
7	金	・プール遊びをする。 ・自分たちで遊びを考えたり、ルールをつくったりして、遊びを楽しくしようとする。	・みんなと一緒にすることを楽しみながら、自分の力を出したり、みんなで気持ちを合わせたりしていけるような遊びを取り入れる。	・水の危険性やプール遊びのルールについて話をしたり、ポスターで提示したりする。

表13-3　日の指導計画（日案）

つき組（5歳児） 7月5日（水）		ねらい	・自分たちでつくったもので遊びを展開したり、工夫したりする。	

時間	子どもの活動	保育者の支援・留意点	環境構成と準備
8：45	○登園する ・保育者や友だちに挨拶をする。 ・所持品の片付けをし、出席シールを貼る。 ○園庭で遊ぶ（砂場、うんてい、雨天の場合は室内でままごと遊びなど） ○片付けをし、入室する ・排泄、手洗いをする。 ・体操座りをする。	○挨拶をし、所持品の始末を見守る。忘れている場合は、気づくような声かけをする。 ○園庭全体を把握しながら、安全を確認する。 ○自分の力を出したり、みんなで気持ちを合わせたりしていけるような遊びを取り入れる。 ○「○○君、お片付け上手」などと意欲的に片付けられるように促す。	○晴れの日は砂場遊び。雨の日はままごと遊び。
9：15	○朝の集まり ・歌「はやおきさん」を歌う。 ・挨拶をする。 ・当番の子どもが出欠確認をする。	○ピアノを弾きながら丁寧に歌うように導く。 ○当番の子どもに出欠確認をするよう伝える。全員に聞こえるように元気よく伝達することを伝える。	

9:40	○夏祭りに出すお店の商品を製作する。 ・各自、空き箱や油性マジック、割り箸などを選択する。 ・製作が終わった子どもから作品棚に製作物を置き、片付ける。 ・集中し、粘り強く取り組んでいる子どももいる。	○製作用具を使いやすいように整えておく。 ・子どもの工夫を見過ごさず、工夫する楽しさが味わえるよう支援する。また、<u>工夫した点を他児に伝える</u>。 ・<u>友だちと関わるなかで友だちの考えを聞き、また自分の考えも伝えながら取り組めるように配慮する</u>。 ・焦らず取り組めるように配慮する。	○製作に必要な用具を用意しておく。  人数分用意する
11:00	○降園の準備をする。 ・排泄、手洗いをする。 ・かばんをかけ、保育者の前に体操座りをする。 ・早く準備ができた子どもは、各自ハンカチ遊びを楽しむ。 ○帰りの会 ・ハンカチを片付け、保育者と手遊びをする。 ・絵本を聞き、感想を話したりする。 ・翌日の当番の発表を聞く。 ・「さようなら」の挨拶をする。	○準備が遅い子どもには他児の様子に気づくように声がけをする。 ・<u>ハンカチ遊びがわからない子どもは、知っている友だちから教えてもらうよう促す</u>。 ○帰りの会へ誘導する。 ・手遊びを一緒に楽しみ、話に集中できるようにする。 ・次の当番を確認する。 ・翌日への期待をもって降園できるように配慮する。	 
11:30	○降園		

【参考文献】

今井和子『保育に生かす記録の書き方』ひとなる書房　1999年

岸井勇雄・小林龍雄・高城義太郎・杤尾勲編『人間関係』チャイルド本社　2001年

駒井美智子編『保育者をめざす人の保育内容「言葉」』みらい　2012年

柴崎正行編『人間関係－人とのかかわりに関する領域－』ひかりのくに　2002年

幼稚園教育要領（抄）

(平成29年3月31日改訂、文部科学省告示第62号)

前文（略）

第1章　総則

第1　幼稚園教育の基本

　幼児期の教育は、生涯にわたる人格形成の基礎を培う重要なものであり、幼稚園教育は、学校教育法に規定する目的及び目標を達成するため、幼児期の特性を踏まえ、環境を通して行うものであることを基本とする。

　このため教師は、幼児との信頼関係を十分に築き、幼児が身近な環境に主体的に関わり、環境との関わり方や意味に気付き、これらを取り込もうとして、試行錯誤したり、考えたりするようになる幼児期の教育における見方・考え方を生かし、幼児と共によりよい教育環境を創造するように努めるものとする。これらを踏まえ、次に示す事項を重視して教育を行わなければならない。

1　幼児は安定した情緒の下で自己を十分に発揮することにより発達に必要な体験を得ていくものであることを考慮して、幼児の主体的な活動を促し、幼児期にふさわしい生活が展開されるようにすること。

2　幼児の自発的な活動としての遊びは、心身の調和のとれた発達の基礎を培う重要な学習であることを考慮して、遊びを通しての指導を中心として第2章に示すねらいが総合的に達成されるようにすること。

3　幼児の発達は、心身の諸側面が相互に関連し合い、多様な経過をたどって成し遂げられていくものであること、また、幼児の生活経験がそれぞれ異なることなどを考慮して、幼児一人一人の特性に応じ、発達の課題に即した指導を行うようにすること。

　その際、教師は、幼児の主体的な活動が確保されるよう幼児一人一人の行動の理解と予想に基づき、計画的に環境を構成しなければならない。この場合において、教師は、幼児と人やものとの関わりが重要であることを踏まえ、教材を工夫し、物的・空間的環境を構成しなければならない。また、幼児一人一人の活動の場面に応じて、様々な役割を果たし、その活動を豊かにしなければならない。

第2　幼稚園教育において育みたい資質・能力及び「幼児期の終わりまでに育ってほしい姿」

1　幼稚園においては、生きる力の基礎を育むため、この章の第1に示す幼稚園教育の基本を踏まえ、次に掲げる資質・能力を一体的に育むよう努めるものとする。

(1)　豊かな体験を通じて、感じたり、気付いたり、分かったり、できるようになったりする「知識及び技能の基礎」

(2)　気付いたことや、できるようになったことなどを使い、考えたり、試したり、工夫したり、表現したりする「思考力、判断力、表現力等の基礎」

(3)　心情、意欲、態度が育つ中で、よりよい生活を営もうとする「学びに向かう力、人間性等」

2　1に示す資質・能力は、第2章に示すねらい及び内容に基づく活動全体によって育むものである。

3　次に示す「幼児期の終わりまでに育ってほしい姿」は、第2章に示すねらい及び内容に基づく活動全体を通して資質・能力が育まれている幼児の幼稚園修了時の具体的な姿であり、教師が指導を行う際に考慮するものである。

(1) 健康な心と体

　幼稚園生活の中で、充実感をもって自分のやりたいことに向かって心と体を十分に働かせ、見通しをもって行動し、自ら健康で安全な生活をつくり出すようになる。

(2) 自立心

　身近な環境に主体的に関わり様々な活動を楽しむ中で、しなければならないことを自覚し、自分の力で行うために考えたり、工夫したりしながら、諦めずにやり遂げることで達成感を味わい、自信をもって行動するようになる。

(3) 協同性

　友達と関わる中で、互いの思いや考えなどを共有し、共通の目的の実現に向けて、考えたり、工夫したり、協力したりし、充実感をもってやり遂げるようになる。

(4) 道徳性・規範意識の芽生え

　友達と様々な体験を重ねる中で、してよいことや悪いことが分かり、自分の行動を振り返ったり、友達の気持ちに共感したりし、相手の立場に立って行動するようになる。また、きまりを守る必要性が分かり、自分の気持ちを調整し、友達と折り合いを付けながら、きまりをつくったり、守ったりするようになる。

(5) 社会生活との関わり

　家族を大切にしようとする気持ちをもつとともに、地域の身近な人と触れ合う中で、人との様々な関わり方に気付き、相手の気持ちを考えて関わり、自分が役に立つ喜びを感じ、地域に親しみをもつようになる。また、幼稚園内外の様々な環境に関わる中で、遊びや生活に必要な情報を取り入れ、情報に基づき判断したり、情報を伝え合ったり、活用したりするなど、情報を役立てながら活動するようになるとともに、公共の施設を大切に利用するなどして、社会とのつながりなどを意識するようになる。

(6) 思考力の芽生え

　身近な事象に積極的に関わる中で、物の性質や仕組みなどを感じ取ったり、気付いたりし、考えたり、予想したり、工夫したりするなど、多様な関わりを楽しむようになる。また、友達の様々な考えに触れる中で、自分と異なる考えがあることに気付き、自ら判断したり、考え直したりするなど、新しい考えを生み出す喜びを味わいながら、自分の考えをよりよいものにするようになる。

(7) 自然との関わり・生命尊重

　自然に触れて感動する体験を通して、自然の変化などを感じ取り、好奇心や探究心をもって考え言葉などで表現しながら、身近な事象への関心が高まるとともに、自然への愛情や畏敬の念をもつようになる。また、身近な動植物に心を動かされる中で、生命の不思議さや尊さに気付き、身近な動植物への接し方を考え、命あるものとしていたわり、大切にする気持ちをもって関わるようになる。

(8) 数量や図形、標識や文字などへの関心・感覚

　遊びや生活の中で、数量や図形、標識や文字などに親しむ体験を重ねたり、標識や文字の役割に気付いたりし、自らの必要感に基づきこれらを活用し、興味や関心、感覚をもつようになる。

(9) 言葉による伝え合い

　先生や友達と心を通わせる中で、絵本や物語などに親しみながら、豊かな言葉や表現を身に付け、経験したことや考えたことなどを言葉で伝えたり、相手の話を注意して聞いたりし、言葉による伝え合いを楽しむようになる。

(10) 豊かな感性と表現

心を動かす出来事などに触れ感性を働かせる中で、様々な素材の特徴や表現の仕方などに気付き、感じたことや考えたことを自分で表現したり、友達同士で表現する過程を楽しんだりし、表現する喜びを味わい、意欲をもつようになる。

第3 教育課程の役割と編成等

1　教育課程の役割

　各幼稚園においては、教育基本法及び学校教育法その他の法令並びにこの幼稚園教育要領の示すところに従い、創意工夫を生かし、幼児の心身の発達と幼稚園及び地域の実態に即応した適切な教育課程を編成するものとする。

　また、各幼稚園においては、6に示す全体的な計画にも留意しながら、「幼児期の終わりまでに育ってほしい姿」を踏まえ教育課程を編成すること、教育課程の実施状況を評価してその改善を図っていくこと、教育課程の実施に必要な人的又は物的な体制を確保するとともにその改善を図っていくことなどを通して、教育課程に基づき組織的かつ計画的に各幼稚園の教育活動の質の向上を図っていくこと（以下「カリキュラム・マネジメント」という。）に努めるものとする。

2　各幼稚園の教育目標と教育課程の編成

　教育課程の編成に当たっては、幼稚園教育において育みたい資質・能力を踏まえつつ、各幼稚園の教育目標を明確にするとともに、教育課程の編成についての基本的な方針が家庭や地域とも共有されるよう努めるものとする。

3　教育課程の編成上の基本的事項

(1)　幼稚園生活の全体を通して第2章に示すねらいが総合的に達成されるよう、教育課程に係る教育期間や幼児の生活経験や発達の過程などを考慮して具体的なねらいと内容を組織するものとする。この場合において、特に、自我が芽生え、他者の存在を意識し、自己を抑制しようとする気持ちが生まれる幼児期の発達の特性を踏まえ、入園から修了に至るまでの長期的な視野をもって充実した生活が展開できるように配慮するものとする。

(2)　幼稚園の毎学年の教育課程に係る教育週数は、特別の事情のある場合を除き、39週を下ってはならない。

(3)　幼稚園の1日の教育課程に係る教育時間は、4時間を標準とする。ただし、幼児の心身の発達の程度や季節などに適切に配慮するものとする。

4　教育課程の編成上の留意事項

　教育課程の編成に当たっては、次の事項に留意するものとする。

(1)　幼児の生活は、入園当初の一人一人の遊びや教師との触れ合いを通して幼稚園生活に親しみ、安定していく時期から、他の幼児との関わりの中で幼児の主体的な活動が深まり、幼児が互いに必要な存在であることを認識するようになり、やがて幼児同士や学級全体で目的をもって協同して幼稚園生活を展開し、深めていく時期などに至るまでの過程を様々に経ながら広げられていくものであることを考慮し、活動がそれぞれの時期にふさわしく展開されるようにすること。

(2)　入園当初、特に、3歳児の入園については、家庭との連携を緊密にし、生活のリズムや安全面に十分配慮すること。また、満3歳児については、学年の途中から入園することを考慮し、幼児が安心して幼稚園生活を過ごすことができるよう配慮すること。

(3)　幼稚園生活が幼児にとって安全なものとなるよう、教職員による協力体制の下、幼児の主体的な活動を大切にしつつ、園庭や園舎などの環境の配慮や指導の工夫を行う

こと。
5 小学校教育との接続に当たっての留意事項
(1) 幼稚園においては、幼稚園教育が、小学校以降の生活や学習の基盤の育成につながることに配慮し、幼児期にふさわしい生活を通して、創造的な思考や主体的な生活態度などの基礎を培うようにするものとする。
(2) 幼稚園教育において育まれた資質・能力を踏まえ、小学校教育が円滑に行われるよう、小学校の教師との意見交換や合同の研究の機会などを設け、「幼児期の終わりまでに育ってほしい姿」を共有するなど連携を図り、幼稚園教育と小学校教育との円滑な接続を図るよう努めるものとする。
6 全体的な計画の作成
各幼稚園においては、教育課程を中心に、第3章に示す教育課程に係る教育時間の終了後等に行う教育活動の計画、学校保健計画、学校安全計画などとを関連させ、一体的に教育活動が展開されるよう全体的な計画を作成するものとする。

第4 指導計画の作成と幼児理解に基づいた評価

1 指導計画の考え方
　幼稚園教育は、幼児が自ら意欲をもって環境と関わることによりつくり出される具体的な活動を通して、その目標の達成を図るものである。
　幼稚園においてはこのことを踏まえ、幼児期にふさわしい生活が展開され、適切な指導が行われるよう、それぞれの幼稚園の教育課程に基づき、調和のとれた組織的、発展的な指導計画を作成し、幼児の活動に沿った柔軟な指導を行わなければならない。
2 指導計画の作成上の基本的事項
(1) 指導計画は、幼児の発達に即して一人一人の幼児が幼児期にふさわしい生活を展開し、必要な体験を得られるようにするために、具体的に作成するものとする。
(2) 指導計画の作成に当たっては、次に示すところにより、具体的なねらい及び内容を明確に設定し、適切な環境を構成することなどにより活動が選択・展開されるようにするものとする。
ア 具体的なねらい及び内容は、幼稚園生活における幼児の発達の過程を見通し、幼児の生活の連続性、季節の変化などを考慮して、幼児の興味や関心、発達の実情などに応じて設定すること。
イ 環境は、具体的なねらいを達成するために適切なものとなるように構成し、幼児が自らその環境に関わることにより様々な活動を展開しつつ必要な体験を得られるようにすること。その際、幼児の生活する姿や発想を大切にし、常にその環境が適切なものとなるようにすること。
ウ 幼児の行う具体的な活動は、生活の流れの中で様々に変化するものであることに留意し、幼児が望ましい方向に向かって自ら活動を展開していくことができるよう必要な援助をすること。
　その際、幼児の実態及び幼児を取り巻く状況の変化などに即して指導の過程についての評価を適切に行い、常に指導計画の改善を図るものとする。
3 指導計画の作成上の留意事項
　指導計画の作成に当たっては、次の事項に留意するものとする。
(1) 長期的に発達を見通した年、学期、月などにわたる長期の指導計画やこれとの関連を保ちながらより具体的な幼児の生活に即した週、日などの短期の指導計画を作成し、適切な指導が行われるようにすること。特に、週、日などの短期の指導計画については、幼児の生活のリズムに配慮し、幼児の意識や興味の連続性のある活動が相互に関連して幼稚園生活の自然な流れの中に組み込ま

れるようにすること。
- (2) 幼児が様々な人やものとの関わりを通して、多様な体験をし、心身の調和のとれた発達を促すようにしていくこと。その際、幼児の発達に即して主体的・対話的で深い学びが実現するようにするとともに、心を動かされる体験が次の活動を生み出すことを考慮し、一つ一つの体験が相互に結び付き、幼稚園生活が充実するようにすること。
- (3) 言語に関する能力の発達と思考力等の発達が関連していることを踏まえ、幼稚園生活全体を通して、幼児の発達を踏まえた言語環境を整え、言語活動の充実を図ること。
- (4) 幼児が次の活動への期待や意欲をもつことができるよう、幼児の実態を踏まえながら、教師や他の幼児と共に遊びや生活の中で見通しをもったり、振り返ったりするよう工夫すること。
- (5) 行事の指導に当たっては、幼稚園生活の自然の流れの中で生活に変化や潤いを与え、幼児が主体的に楽しく活動できるようにすること。なお、それぞれの行事についてはその教育的価値を十分検討し、適切なものを精選し、幼児の負担にならないようにすること。
- (6) 幼児期は直接的な体験が重要であることを踏まえ、視聴覚教材やコンピュータなど情報機器を活用する際には、幼稚園生活では得難い体験を補完するなど、幼児の体験との関連を考慮すること。
- (7) 幼児の主体的な活動を促すためには、教師が多様な関わりをもつことが重要であることを踏まえ、教師は、理解者、共同作業者など様々な役割を果たし、幼児の発達に必要な豊かな体験が得られるよう、活動の場面に応じて、適切な指導を行うようにすること。
- (8) 幼児の行う活動は、個人、グループ、学級全体などで多様に展開されるものであることを踏まえ、幼稚園全体の教師による協力体制を作りながら、一人一人の幼児が興味や欲求を十分に満足させるよう適切な援助を行うようにすること。
- 4 幼児理解に基づいた評価の実施

 幼児一人一人の発達の理解に基づいた評価の実施に当たっては、次の事項に配慮するものとする。
- (1) 指導の過程を振り返りながら幼児の理解を進め、幼児一人一人のよさや可能性などを把握し、指導の改善に生かすようにすること。その際、他の幼児との比較や一定の基準に対する達成度についての評定によって捉えるものではないことに留意すること。
- (2) 評価の妥当性や信頼性が高められるよう創意工夫を行い、組織的かつ計画的な取組を推進するとともに、次年度又は小学校等にその内容が適切に引き継がれるようにすること。

第5 特別な配慮を必要とする幼児への指導

- 1 障害のある幼児などへの指導

 障害のある幼児などへの指導に当たっては、集団の中で生活することを通して全体的な発達を促していくことに配慮し、特別支援学校などの助言又は援助を活用しつつ、個々の幼児の障害の状態などに応じた指導内容や指導方法の工夫を組織的かつ計画的に行うものとする。また、家庭、地域及び医療や福祉、保健等の業務を行う関係機関との連携を図り、長期的な視点で幼児への教育的支援を行うために、個別の教育支援計画を作成し活用することに努めるとともに、個々の幼児の実態を的確に把握し、個別の指導計画を作成し活用することに努めるものとする。
- 2 海外から帰国した幼児や生活に必要な日本語の習得に困難のある幼児の幼稚園生活への適応

海外から帰国した幼児や生活に必要な日本語の習得に困難のある幼児については、安心して自己を発揮できるよう配慮するなど個々の幼児の実態に応じ、指導内容や指導方法の工夫を組織的かつ計画的に行うものとする。

第6　幼稚園運営上の留意事項

1　各幼稚園においては、園長の方針の下に、園務分掌に基づき教職員が適切に役割を分担しつつ、相互に連携しながら、教育課程や指導の改善を図るものとする。また、各幼稚園が行う学校評価については、教育課程の編成、実施、改善が教育活動や幼稚園運営の中核となることを踏まえ、カリキュラム・マネジメントと関連付けながら実施するよう留意するものとする。

2　幼児の生活は、家庭を基盤として地域社会を通じて次第に広がりをもつものであることに留意し、家庭との連携を十分に図るなど、幼稚園における生活が家庭や地域社会と連続性を保ちつつ展開されるようにするものとする。その際、地域の自然、高齢者や異年齢の子供などを含む人材、行事や公共施設などの地域の資源を積極的に活用し、幼児が豊かな生活体験を得られるように工夫するものとする。また、家庭との連携に当たっては、保護者との情報交換の機会を設けたり、保護者と幼児との活動の機会を設けたりなどすることを通じて、保護者の幼児期の教育に関する理解が深まるよう配慮するものとする。

3　地域や幼稚園の実態等により、幼稚園間に加え、保育所、幼保連携型認定こども園、小学校、中学校、高等学校及び特別支援学校などとの間の連携や交流を図るものとする。特に、幼稚園教育と小学校教育の円滑な接続のため、幼稚園の幼児と小学校の児童との交流の機会を積極的に設けるようにするものとする。また、障害のある幼児児童生徒との交流及び共同学習の機会を設け、共に尊重し合いながら協働して生活していく態度を育むよう努めるものとする。

第7　教育課程に係る教育時間終了後等に行う教育活動など

幼稚園は、第3章に示す教育課程に係る教育時間の終了後等に行う教育活動について、学校教育法に規定する目的及び目標並びにこの章の第1に示す幼稚園教育の基本を踏まえ実施するものとする。また、幼稚園の目的の達成に資するため、幼児の生活全体が豊かなものとなるよう家庭や地域における幼児期の教育の支援に努めるものとする。

第2章　ねらい及び内容

この章に示すねらいは、幼稚園教育において育みたい資質・能力を幼児の生活する姿から捉えたものであり、内容は、ねらいを達成するために指導する事項である。各領域は、これらを幼児の発達の側面から、心身の健康に関する領域「健康」、人との関わりに関する領域「人間関係」、身近な環境との関わりに関する領域「環境」、言葉の獲得に関する領域「言葉」及び感性と表現に関する領域「表現」としてまとめ、示したものである。内容の取扱いは、幼児の発達を踏まえた指導を行うに当たって留意すべき事項である。

各領域に示すねらいは、幼稚園における生活の全体を通じ、幼児が様々な体験を積み重ねる中で相互に関連をもちながら次第に達成に向かうものであること、内容は、幼児が環境に関わって展開する具体的な活動を通して総合的に指導されるものであることに留意しなければならない。

また、「幼児期の終わりまでに育ってほしい姿」が、ねらい及び内容に基づく活動全体を通して資質・能力が育まれている幼児の幼稚園修了時の具体的な姿であることを踏まえ、指導を行う際に考慮するものとする。

なお、特に必要な場合には、各領域に示すねらいの趣旨に基づいて適切な、具体的な内容を工夫

し、それを加えても差し支えないが、その場合には、それが第1章の第1に示す幼稚園教育の基本を逸脱しないよう慎重に配慮する必要がある。

健　康

　健康な心と体を育て、自ら健康で安全な生活をつくり出す力を養う。

1　ねらい
(1)　明るく伸び伸びと行動し、充実感を味わう。
(2)　自分の体を十分に動かし、進んで運動しようとする。
(3)　健康、安全な生活に必要な習慣や態度を身に付け、見通しをもって行動する。

2　内容
(1)　先生や友達と触れ合い、安定感をもって行動する。
(2)　いろいろな遊びの中で十分に体を動かす。
(3)　進んで戸外で遊ぶ。
(4)　様々な活動に親しみ、楽しんで取り組む。
(5)　先生や友達と食べることを楽しみ、食べ物への興味や関心をもつ。
(6)　健康な生活のリズムを身に付ける。
(7)　身の回りを清潔にし、衣服の着脱、食事、排泄などの生活に必要な活動を自分でする。
(8)　幼稚園における生活の仕方を知り、自分たちで生活の場を整えながら見通しをもって行動する。
(9)　自分の健康に関心をもち、病気の予防などに必要な活動を進んで行う。
(10)　危険な場所、危険な遊び方、災害時などの行動の仕方が分かり、安全に気を付けて行動する。

3　内容の取扱い

　上記の取扱いに当たっては、次の事項に留意する必要がある。
(1)　心と体の健康は、相互に密接な関連があるものであることを踏まえ、幼児が教師や他の幼児との温かい触れ合いの中で自己の存在感や充実感を味わうことなどを基盤として、しなやかな心と体の発達を促すこと。特に、十分に体を動かす気持ちよさを体験し、自ら体を動かそうとする意欲が育つようにすること。
(2)　様々な遊びの中で、幼児が興味や関心、能力に応じて全身を使って活動することにより、体を動かす楽しさを味わい、自分の体を大切にしようとする気持ちが育つようにすること。その際、多様な動きを経験する中で、体の動きを調整するようにすること。
(3)　自然の中で伸び伸びと体を動かして遊ぶことにより、体の諸機能の発達が促されることに留意し、幼児の興味や関心が戸外にも向くようにすること。その際、幼児の動線に配慮した園庭や遊具の配置などを工夫すること。
(4)　健康な心と体を育てるためには食育を通じた望ましい食習慣の形成が大切であることを踏まえ、幼児の食生活の実情に配慮し、和やかな雰囲気の中で教師や他の幼児と食べる喜びや楽しさを味わったり、様々な食べ物への興味や関心をもったりするなどし、食の大切さに気付き、進んで食べようとする気持ちが育つようにすること。
(5)　基本的な生活習慣の形成に当たっては、家庭での生活経験に配慮し、幼児の自立心を育て、幼児が他の幼児と関わりながら主体的な活動を展開する中で、生活に必要な習慣を身に付け、次第に見通しをもって行動できるようにすること。
(6)　安全に関する指導に当たっては、情緒の安定を図り、遊びを通して安全についての構えを身に付け、危険な場所や事物などが分かり、安全についての理解を深めるようにすること。また、交通安全の習慣を身に付けるようにするとともに、避難訓練などを通して、災害などの緊急時に適切な行動がとれるようにすること。

人間関係

　他の人々と親しみ、支え合って生活するために、

自立心を育て、人と関わる力を養う。

1 ねらい
(1) 幼稚園生活を楽しみ、自分の力で行動することの充実感を味わう。
(2) 身近な人と親しみ、関わりを深め、工夫したり、協力したりして一緒に活動する楽しさを味わい、愛情や信頼感をもつ。
(3) 社会生活における望ましい習慣や態度を身に付ける。

2 内容
(1) 先生や友達と共に過ごすことの喜びを味わう。
(2) 自分で考え、自分で行動する。
(3) 自分でできることは自分でする。
(4) いろいろな遊びを楽しみながら物事をやり遂げようとする気持ちをもつ。
(5) 友達と積極的に関わりながら喜びや悲しみを共感し合う。
(6) 自分の思ったことを相手に伝え、相手の思っていることに気付く。
(7) 友達のよさに気付き、一緒に活動する楽しさを味わう。
(8) 友達と楽しく活動する中で、共通の目的を見いだし、工夫したり、協力したりなどする。
(9) よいことや悪いことがあることに気付き、考えながら行動する。
(10) 友達との関わりを深め、思いやりをもつ。
(11) 友達と楽しく生活する中できまりの大切さに気付き、守ろうとする。
(12) 共同の遊具や用具を大切にし、皆で使う。
(13) 高齢者をはじめ地域の人々などの自分の生活に関係の深いいろいろな人に親しみをもつ。

3 内容の取扱い
上記の取扱いに当たっては、次の事項に留意する必要がある。
(1) 教師との信頼関係に支えられて自分自身の生活を確立していくことが人と関わる基盤となることを考慮し、幼児が自ら周囲に働き掛けることにより多様な感情を体験し、試行錯誤しながら諦めずにやり遂げることの達成感や、前向きな見通しをもって自分の力で行うことの充実感を味わうことができるよう、幼児の行動を見守りながら適切な援助を行うようにすること。
(2) 一人一人を生かした集団を形成しながら人と関わる力を育てていくようにすること。その際、集団の生活の中で、幼児が自己を発揮し、教師や他の幼児に認められる体験をし、自分のよさや特徴に気付き、自信をもって行動できるようにすること。
(3) 幼児が互いに関わりを深め、協同して遊ぶようになるため、自ら行動する力を育てるようにするとともに、他の幼児と試行錯誤しながら活動を展開する楽しさや共通の目的が実現する喜びを味わうことができるようにすること。
(4) 道徳性の芽生えを培うに当たっては、基本的な生活習慣の形成を図るとともに、幼児が他の幼児との関わりの中で他人の存在に気付き、相手を尊重する気持ちをもって行動できるようにし、また、自然や身近な動植物に親しむことなどを通して豊かな心情が育つようにすること。特に、人に対する信頼感や思いやりの気持ちは、葛藤やつまずきをも体験し、それらを乗り越えることにより次第に芽生えてくることに配慮すること。
(5) 集団の生活を通して、幼児が人との関わりを深め、規範意識の芽生えが培われることを考慮し、幼児が教師との信頼関係に支えられて自己を発揮する中で、互いに思いを主張し、折り合いを付ける体験をし、きまりの必要性などに気付き、自分の気持ちを調整する力が育つようにすること。
(6) 高齢者をはじめ地域の人々などの自分の生活に関係の深いいろいろな人と触れ合い、自分の感情や意志を表現しながら共に楽しみ、

共感し合う体験を通して、これらの人々などに親しみをもち、人と関わることの楽しさや人の役に立つ喜びを味わうことができるようにすること。また、生活を通して親や祖父母などの家族の愛情に気付き、家族を大切にしようとする気持ちが育つようにすること。

環境

周囲の様々な環境に好奇心や探究心をもって関わり、それらを生活に取り入れていこうとする力を養う。

1 ねらい

(1) 身近な環境に親しみ、自然と触れ合う中で様々な事象に興味や関心をもつ。

(2) 身近な環境に自分から関わり、発見を楽しんだり、考えたりし、それを生活に取り入れようとする。

(3) 身近な事象を見たり、考えたり、扱ったりする中で、物の性質や数量、文字などに対する感覚を豊かにする。

2 内容

(1) 自然に触れて生活し、その大きさ、美しさ、不思議さなどに気付く。

(2) 生活の中で、様々な物に触れ、その性質や仕組みに興味や関心をもつ。

(3) 季節により自然や人間の生活に変化のあることに気付く。

(4) 自然などの身近な事象に関心をもち、取り入れて遊ぶ。

(5) 身近な動植物に親しみをもって接し、生命の尊さに気付き、いたわったり、大切にしたりする。

(6) 日常生活の中で、我が国や地域社会における様々な文化や伝統に親しむ。

(7) 身近な物を大切にする。

(8) 身近な物や遊具に興味をもって関わり、自分なりに比べたり、関連付けたりしながら考えたり、試したりして工夫して遊ぶ。

(9) 日常生活の中で数量や図形などに関心をもつ。

(10) 日常生活の中で簡単な標識や文字などに関心をもつ。

(11) 生活に関係の深い情報や施設などに興味や関心をもつ。

(12) 幼稚園内外の行事において国旗に親しむ。

3 内容の取扱い

上記の取扱いに当たっては、次の事項に留意する必要がある。

(1) 幼児が、遊びの中で周囲の環境と関わり、次第に周囲の世界に好奇心を抱き、その意味や操作の仕方に関心をもち、物事の法則性に気付き、自分なりに考えることができるようになる過程を大切にすること。また、他の幼児の考えなどに触れて新しい考えを生み出す喜びや楽しさを味わい、自分の考えをよりよいものにしようとする気持ちが育つようにすること。

(2) 幼児期において自然のもつ意味は大きく、自然の大きさ、美しさ、不思議さなどに直接触れる体験を通して、幼児の心が安らぎ、豊かな感情、好奇心、思考力、表現力の基礎が培われることを踏まえ、幼児が自然との関わりを深めることができるよう工夫すること。

(3) 身近な事象や動植物に対する感動を伝え合い、共感し合うことなどを通して自分から関わろうとする意欲を育てるとともに、様々な関わり方を通してそれらに対する親しみや畏敬の念、生命を大切にする気持ち、公共心、探究心などが養われるようにすること。

(4) 文化や伝統に親しむ際には、正月や節句など我が国の伝統的な行事、国歌、唱歌、わらべうたや我が国の伝統的な遊びに親しんだり、異なる文化に触れる活動に親しんだりすることを通じて、社会とのつながりの意識や国際理解の意識の芽生えなどが養われるようにすること。

(5) 数量や文字などに関しては、日常生活の中

で幼児自身の必要感に基づく体験を大切にし、数量や文字などに関する興味や関心、感覚が養われるようにすること。

言　葉

経験したことや考えたことなどを自分なりの言葉で表現し、相手の話す言葉を聞こうとする意欲や態度を育て、言葉に対する感覚や言葉で表現する力を養う。

1　ねらい

(1)　自分の気持ちを言葉で表現する楽しさを味わう。

(2)　人の言葉や話などをよく聞き、自分の経験したことや考えたことを話し、伝え合う喜びを味わう。

(3)　日常生活に必要な言葉が分かるようになるとともに、絵本や物語などに親しみ、言葉に対する感覚を豊かにし、先生や友達と心を通わせる。

2　内　容

(1)　先生や友達の言葉や話に興味や関心をもち、親しみをもって聞いたり、話したりする。

(2)　したり、見たり、聞いたり、感じたり、考えたりなどしたことを自分なりに言葉で表現する。

(3)　したいこと、してほしいことを言葉で表現したり、分からないことを尋ねたりする。

(4)　人の話を注意して聞き、相手に分かるように話す。

(5)　生活の中で必要な言葉が分かり、使う。

(6)　親しみをもって日常の挨拶をする。

(7)　生活の中で言葉の楽しさや美しさに気付く。

(8)　いろいろな体験を通じてイメージや言葉を豊かにする。

(9)　絵本や物語などに親しみ、興味をもって聞き、想像をする楽しさを味わう。

(10)　日常生活の中で、文字などで伝える楽しさを味わう。

3　内容の取扱い

上記の取扱いに当たっては、次の事項に留意する必要がある。

(1)　言葉は、身近な人に親しみをもって接し、自分の感情や意志などを伝え、それに相手が応答し、その言葉を聞くことを通して次第に獲得されていくものであることを考慮して、幼児が教師や他の幼児と関わることにより心を動かされるような体験をし、言葉を交わす喜びを味わえるようにすること。

(2)　幼児が自分の思いを言葉で伝えるとともに、教師や他の幼児などの話を興味をもって注意して聞くことを通して次第に話を理解するようになっていき、言葉による伝え合いができるようにすること。

(3)　絵本や物語などで、その内容と自分の経験とを結び付けたり、想像を巡らせたりするなど、楽しみを十分に味わうことによって、次第に豊かなイメージをもち、言葉に対する感覚が養われるようにすること。

(4)　幼児が生活の中で、言葉の響きやリズム、新しい言葉や表現などに触れ、これらを使う楽しさを味わえるようにすること。その際、絵本や物語に親しんだり、言葉遊びなどをしたりすることを通して、言葉が豊かになるようにすること。

(5)　幼児が日常生活の中で、文字などを使いながら思ったことや考えたことを伝える喜びや楽しさを味わい、文字に対する興味や関心をもつようにすること。

表　現

感じたことや考えたことを自分なりに表現することを通して、豊かな感性や表現する力を養い、創造性を豊かにする。

1　ねらい

(1)　いろいろなものの美しさなどに対する豊かな感性をもつ。

(2)　感じたことや考えたことを自分なりに表現して楽しむ。

(3) 生活の中でイメージを豊かにし、様々な表現を楽しむ。

2　内容

(1) 生活の中で様々な音、形、色、手触り、動きなどに気付いたり、感じたりするなどして楽しむ。

(2) 生活の中で美しいものや心を動かす出来事に触れ、イメージを豊かにする。

(3) 様々な出来事の中で、感動したことを伝え合う楽しさを味わう。

(4) 感じたこと、考えたことなどを音や動きなどで表現したり、自由にかいたり、つくったりなどする。

(5) いろいろな素材に親しみ、工夫して遊ぶ。

(6) 音楽に親しみ、歌を歌ったり、簡単なリズム楽器を使ったりなどする楽しさを味わう。

(7) かいたり、つくったりすることを楽しみ、遊びに使ったり、飾ったりなどする。

(8) 自分のイメージを動きや言葉などで表現したり、演じて遊んだりするなどの楽しさを味わう。

3　内容の取扱い

　上記の取扱いに当たっては、次の事項に留意する必要がある。

(1) 豊かな感性は、身近な環境と十分に関わる中で美しいもの、優れたもの、心を動かす出来事などに出会い、そこから得た感動を他の幼児や教師と共有し、様々に表現することなどを通して養われるようにすること。その際、風の音や雨の音、身近にある草や花の形や色など自然の中にある音、形、色などに気付くようにすること。

(2) 幼児の自己表現は素朴な形で行われることが多いので、教師はそのような表現を受容し、幼児自身の表現しようとする意欲を受け止めて、幼児が生活の中で幼児らしい様々な表現を楽しむことができるようにすること。

(3) 生活経験や発達に応じ、自ら様々な表現を楽しみ、表現する意欲を十分に発揮させることができるように、遊具や用具などを整えたり、様々な素材や表現の仕方に親しんだり、他の幼児の表現に触れられるよう配慮したりし、表現する過程を大切にして自己表現を楽しめるように工夫すること。

第3章　教育課程に係る教育時間の終了後等に行う教育活動などの留意事項

1　地域の実態や保護者の要請により、教育課程に係る教育時間の終了後等に希望する者を対象に行う教育活動については、幼児の心身の負担に配慮するものとする。また、次の点にも留意するものとする。

(1) 教育課程に基づく活動を考慮し、幼児期にふさわしい無理のないものとなるようにすること。その際、教育課程に基づく活動を担当する教師と緊密な連携を図るようにすること。

(2) 家庭や地域での幼児の生活も考慮し、教育課程に係る教育時間の終了後等に行う教育活動の計画を作成するようにすること。その際、地域の人々と連携するなど、地域の様々な資源を活用しつつ、多様な体験ができるようにすること。

(3) 家庭との緊密な連携を図るようにすること。その際、情報交換の機会を設けたりするなど、保護者が、幼稚園と共に幼児を育てるという意識が高まるようにすること。

(4) 地域の実態や保護者の事情とともに幼児の生活のリズムを踏まえつつ、例えば実施日数や時間などについて、弾力的な運用に配慮すること。

(5) 適切な責任体制と指導体制を整備した上で行うようにすること。

2　幼稚園の運営に当たっては、子育ての支援のために保護者や地域の人々に機能や施設を開放して、園内体制の整備や関係機関との連携及び

協力に配慮しつつ、幼児期の教育に関する相談に応じたり、情報を提供したり、幼児と保護者との登園を受け入れたり、保護者同士の交流の機会を提供したりするなど、幼稚園と家庭が一体となって幼児と関わる取組を進め、地域における幼児期の教育のセンターとしての役割を果たすよう努めるものとする。その際、心理や保健の専門家、地域の子育て経験者等と連携・協働しながら取り組むよう配慮するものとする。

保育所保育指針（抄）

（平成29年3月31日改定　厚生労働省告示第117号）

第1章　総則

　この指針は、児童福祉施設の設備及び運営に関する基準（昭和23年厚生省令第63号。以下「設備運営基準」という。）第35条の規定に基づき、保育所における保育の内容に関する事項及びこれに関連する運営に関する事項を定めるものである。各保育所は、この指針において規定される保育の内容に係る基本原則に関する事項等を踏まえ、各保育所の実情に応じて創意工夫を図り、保育所の機能及び質の向上に努めなければならない。

1　保育所保育に関する基本原則

(1)　保育所の役割

　ア　保育所は、児童福祉法（昭和22年法律第164号）第39条の規定に基づき、保育を必要とする子どもの保育を行い、その健全な心身の発達を図ることを目的とする児童福祉施設であり、入所する子どもの最善の利益を考慮し、その福祉を積極的に増進することに最もふさわしい生活の場でなければならない。

　イ　保育所は、その目的を達成するために、保育に関する専門性を有する職員が、家庭との緊密な連携の下に、子どもの状況や発達過程を踏まえ、保育所における環境を通して、養護及び教育を一体的に行うことを特性としている。

　ウ　保育所は、入所する子どもを保育するとともに、家庭や地域の様々な社会資源との連携を図りながら、入所する子どもの保護者に対する支援及び地域の子育て家庭に対する支援等を行う役割を担うものである。

　エ　保育所における保育士は、児童福祉法第18条の4の規定を踏まえ、保育所の役割及び機能が適切に発揮されるように、倫理観に裏付けられた専門的知識、技術及び判断をもって、子どもを保育するとともに、子どもの保護者に対する保育に関する指導を行うものであり、その職責を遂行するための専門性の向上に絶えず努めなければならない。

(2)　保育の目標

　ア　保育所は、子どもが生涯にわたる人間形成にとって極めて重要な時期に、その生活時間の大半を過ごす場である。このため、保育所の保育は、子どもが現在を最も良く生き、望ましい未来をつくり出す力の基礎を培うために、次の目標を目指して行わなければならない。

　　(ｱ)　十分に養護の行き届いた環境の下に、くつろいだ雰囲気の中で子どもの様々な欲求を満たし、生命の保持及び情緒の安定を図ること。

　　(ｲ)　健康、安全など生活に必要な基本的な習慣や態度を養い、心身の健康の基礎を培うこと。

　　(ｳ)　人との関わりの中で、人に対する愛情と信頼感、そして人権を大切にする心を育てるとともに、自主、自立及び協調の態度を養い、道徳性の芽生えを培うこと。

　　(ｴ)　生命、自然及び社会の事象についての興味や関心を育て、それらに対する豊かな心情や思考力の芽生えを培うこと。

　　(ｵ)　生活の中で、言葉への興味や関心を育て、話したり、聞いたり、相手の話を理解しようとするなど、言葉の豊かさを養うこと。

　　(ｶ)　様々な体験を通して、豊かな感性や表現力を育み、創造性の芽生えを培うこと。

イ 保育所は、入所する子どもの保護者に対し、その意向を受け止め、子どもと保護者の安定した関係に配慮し、保育所の特性や保育士等の専門性を生かして、その援助に当たらなければならない。

(3) 保育の方法

保育の目標を達成するために、保育士等は、次の事項に留意して保育しなければならない。

ア 一人一人の子どもの状況や家庭及び地域社会での生活の実態を把握するとともに、子どもが安心感と信頼感をもって活動できるよう、子どもの主体としての思いや願いを受け止めること。

イ 子どもの生活のリズムを大切にし、健康、安全で情緒の安定した生活ができる環境や、自己を十分に発揮できる環境を整えること。

ウ 子どもの発達について理解し、一人一人の発達過程に応じて保育すること。その際、子どもの個人差に十分配慮すること。

エ 子ども相互の関係づくりや互いに尊重する心を大切にし、集団における活動を効果あるものにするよう援助すること。

オ 子どもが自発的・意欲的に関われるような環境を構成し、子どもの主体的な活動や子ども相互の関わりを大切にすること。特に、乳幼児期にふさわしい体験が得られるように、生活や遊びを通して総合的に保育すること。

カ 一人一人の保護者の状況やその意向を理解、受容し、それぞれの親子関係や家庭生活等に配慮しながら、様々な機会をとらえ、適切に援助すること。

(4) 保育の環境

保育の環境には、保育士等や子どもなどの人的環境、施設や遊具などの物的環境、更には自然や社会の事象などがある。保育所は、こうした人、物、場などの環境が相互に関連し合い、子どもの生活が豊かなものとなるよう、次の事項に留意しつつ、計画的に環境を構成し、工夫して保育しなければならない。

ア 子ども自らが環境に関わり、自発的に活動し、様々な経験を積んでいくことができるよう配慮すること。

イ 子どもの活動が豊かに展開されるよう、保育所の設備や環境を整え、保育所の保健的環境や安全の確保などに努めること。

ウ 保育室は、温かな親しみとくつろぎの場となるとともに、生き生きと活動できる場となるように配慮すること。

エ 子どもが人と関わる力を育てていくため、子ども自らが周囲の子どもや大人と関わっていくことができる環境を整えること。

(5) 保育所の社会的責任

ア 保育所は、子どもの人権に十分配慮するとともに、子ども一人一人の人格を尊重して保育を行わなければならない。

イ 保育所は、地域社会との交流や連携を図り、保護者や地域社会に、当該保育所が行う保育の内容を適切に説明するよう努めなければならない。

ウ 保育所は、入所する子ども等の個人情報を適切に取り扱うとともに、保護者の苦情などに対し、その解決を図るよう努めなければならない。

2 養護に関する基本的事項

(1) 養護の理念

保育における養護とは、子どもの生命の保持及び情緒の安定を図るために保育士等が行う援助や関わりであり、保育所における保育は、養護及び教育を一体的に行うことをその特性とするものである。保育所における保育全体を通じて、養護に関するねらい及び内容を踏まえた保育が展開されなければならない。

(2) 養護に関わるねらい及び内容

ア 生命の保持

(ア) ねらい

① 一人一人の子どもが、快適に生活できるようにする。
② 一人一人の子どもが、健康で安全に過ごせるようにする。
③ 一人一人の子どもの生理的欲求が、十分に満たされるようにする。
④ 一人一人の子どもの健康増進が、積極的に図られるようにする。
(イ) 内容
① 一人一人の子どもの平常の健康状態や発育及び発達状態を的確に把握し、異常を感じる場合は、速やかに適切に対応する。
② 家庭との連携を密にし、嘱託医等との連携を図りながら、子どもの疾病や事故防止に関する認識を深め、保健的で安全な保育環境の維持及び向上に努める。
③ 清潔で安全な環境を整え、適切な援助や応答的な関わりを通して子どもの生理的欲求を満たしていく。また、家庭と協力しながら、子どもの発達過程等に応じた適切な生活のリズムがつくられていくようにする。
④ 子どもの発達過程等に応じて、適度な運動と休息を取ることができるようにする。また、食事、排泄、衣類の着脱、身の回りを清潔にすることなどについて、子どもが意欲的に生活できるよう適切に援助する。
イ 情緒の安定
(ア) ねらい
① 一人一人の子どもが、安定感をもって過ごせるようにする。
② 一人一人の子どもが、自分の気持ちを安心して表すことができるようにする。
③ 一人一人の子どもが、周囲から主体として受け止められ、主体として育ち、自分を肯定する気持ちが育まれていくようにする。
④ 一人一人の子どもがくつろいで共に過ごし、心身の疲れが癒されるようにする。
(イ) 内容
① 一人一人の子どもの置かれている状態や発達過程などを的確に把握し、子どもの欲求を適切に満たしながら、応答的な触れ合いや言葉がけを行う。
② 一人一人の子どもの気持ちを受容し、共感しながら、子どもとの継続的な信頼関係を築いていく。
③ 保育士等との信頼関係を基盤に、一人一人の子どもが主体的に活動し、自発性や探索意欲などを高めるとともに、自分への自信をもつことができるよう成長の過程を見守り、適切に働きかける。
④ 一人一人の子どもの生活のリズム、発達過程、保育時間などに応じて、活動内容のバランスや調和を図りながら、適切な食事や休息が取れるようにする。

3 保育の計画及び評価

(1) **全体的な計画の作成**

ア 保育所は、1の(2)に示した保育の目標を達成するために、各保育所の保育の方針や目標に基づき、子どもの発達過程を踏まえて、保育の内容が組織的・計画的に構成され、保育所の生活の全体を通して、総合的に展開されるよう、全体的な計画を作成しなければならない。

イ 全体的な計画は、子どもや家庭の状況、地域の実態、保育時間などを考慮し、子どもの育ちに関する長期的見通しをもって適切に作成されなければならない。

ウ 全体的な計画は、保育所保育の全体像を

包括的に示すものとし、これに基づく指導計画、保健計画、食育計画等を通じて、各保育所が創意工夫して保育できるよう、作成されなければならない。

(2) **指導計画の作成**

ア　保育所は、全体的な計画に基づき、具体的な保育が適切に展開されるよう、子どもの生活や発達を見通した長期的な指導計画と、それに関連しながら、より具体的な子どもの日々の生活に即した短期的な指導計画を作成しなければならない。

イ　指導計画の作成に当たっては、第2章及びその他の関連する章に示された事項のほか、子ども一人一人の発達過程や状況を十分に踏まえるとともに、次の事項に留意しなければならない。

(ｱ)　3歳未満児については、一人一人の子どもの生育歴、心身の発達、活動の実態等に即して、個別的な計画を作成すること。

(ｲ)　3歳以上児については、個の成長と、子ども相互の関係や協同的な活動が促されるよう配慮すること。

(ｳ)　異年齢で構成される組やグループでの保育においては、一人一人の子どもの生活や経験、発達過程などを把握し、適切な援助や環境構成ができるよう配慮すること。

ウ　指導計画においては、保育所の生活における子どもの発達過程を見通し、生活の連続性、季節の変化などを考慮し、子どもの実態に即した具体的なねらい及び内容を設定すること。また、具体的なねらいが達成されるよう、子どもの生活する姿や発想を大切にして適切な環境を構成し、子どもが主体的に活動できるようにすること。

エ　一日の生活のリズムや在園時間が異なる子どもが共に過ごすことを踏まえ、活動と休息、緊張感と解放感等の調和を図るよう配慮すること。

オ　午睡は生活のリズムを構成する重要な要素であり、安心して眠ることのできる安全な睡眠環境を確保するとともに、在園時間が異なることや、睡眠時間は子どもの発達の状況や個人によって差があることから、一律とならないよう配慮すること。

カ　長時間にわたる保育については、子どもの発達過程、生活のリズム及び心身の状態に十分配慮して、保育の内容や方法、職員の協力体制、家庭との連携などを指導計画に位置付けること。

キ　障害のある子どもの保育については、一人一人の子どもの発達過程や障害の状態を把握し、適切な環境の下で、障害のある子どもが他の子どもとの生活を通して共に成長できるよう、指導計画の中に位置付けること。また、子どもの状況に応じた保育を実施する観点から、家庭や関係機関と連携した支援のための計画を個別に作成するなど適切な対応を図ること。

(3) **指導計画の展開**

指導計画に基づく保育の実施に当たっては、次の事項に留意しなければならない。

ア　施設長、保育士など、全職員による適切な役割分担と協力体制を整えること。

イ　子どもが行う具体的な活動は、生活の中で様々に変化することに留意して、子どもが望ましい方向に向かって自ら活動を展開できるよう必要な援助を行うこと。

ウ　子どもの主体的な活動を促すためには、保育士等が多様な関わりをもつことが重要であることを踏まえ、子どもの情緒の安定や発達に必要な豊かな体験が得られるよう援助すること。

エ　保育士等は、子どもの実態や子どもを取り巻く状況の変化などに即して保育の過程

を記録するとともに、これらを踏まえ、指導計画に基づく保育の内容の見直しを行い、改善を図ること。

(4) 保育内容等の評価

ア　保育士等の自己評価

(ア) 保育士等は、保育の計画や保育の記録を通して、自らの保育実践を振り返り、自己評価することを通して、その専門性の向上や保育実践の改善に努めなければならない。

(イ) 保育士等による自己評価に当たっては、子どもの活動内容やその結果だけでなく、子どもの心の育ちや意欲、取り組む過程などにも十分配慮するよう留意すること。

(ウ) 保育士等は、自己評価における自らの保育実践の振り返りや職員相互の話し合い等を通じて、専門性の向上及び保育の質の向上のための課題を明確にするとともに、保育所全体の保育の内容に関する認識を深めること。

イ　保育所の自己評価

(ア) 保育所は、保育の質の向上を図るため、保育の計画の展開や保育士等の自己評価を踏まえ、当該保育所の保育の内容等について、自ら評価を行い、その結果を公表するよう努めなければならない。

(イ) 保育所が自己評価を行うに当たっては、地域の実情や保育所の実態に即して、適切に評価の観点や項目等を設定し、全職員による共通理解をもって取り組むよう留意すること。

(ウ) 設備運営基準第36条の趣旨を踏まえ、保育の内容等の評価に関し、保護者及び地域住民等の意見を聴くことが望ましいこと。

(5) 評価を踏まえた計画の改善

ア　保育所は、評価の結果を踏まえ、当該保育所の保育の内容等の改善を図ること。

イ　保育の計画に基づく保育、保育の内容の評価及びこれに基づく改善という一連の取組により、保育の質の向上が図られるよう、全職員が共通理解をもって取り組むことに留意すること。

4　幼児教育を行う施設として共有すべき事項（略）

(1) 育みたい資質・能力（略）

(2) 幼児期の終わりまでに育ってほしい姿（略）

第2章　保育の内容

　この章に示す「ねらい」は、第1章の1の(2)に示された保育の目標をより具体化したものであり、子どもが保育所において、安定した生活を送り、充実した活動ができるように、保育を通じて育みたい資質・能力を、子どもの生活する姿から捉えたものである。また、「内容」は、「ねらい」を達成するために、子どもの生活やその状況に応じて保育士等が適切に行う事項と、保育士等が援助して子どもが環境に関わって経験する事項を示したものである。

　保育における「養護」とは、子どもの生命の保持及び情緒の安定を図るために保育士等が行う援助や関わりであり、「教育」とは、子どもが健やかに成長し、その活動がより豊かに展開されるための発達の援助である。本章では、保育士等が、「ねらい」及び「内容」を具体的に把握するため、主に教育に関わる側面からの視点を示しているが、実際の保育においては、養護と教育が一体となって展開されることに留意する必要がある。

1　乳児保育に関わるねらい及び内容

(1) 基本的事項

ア　乳児期の発達については、視覚、聴覚などの感覚や、座る、はう、歩くなどの運動機能が著しく発達し、特定の大人との応答的な関わりを通じて、情緒的な絆（きずな）が形成されるといった特徴がある。これらの発達の特徴を踏まえて、乳児保育は、愛情豊かに、応答的に行われることが特に必要である。

イ 本項においては、この時期の発達の特徴を踏まえ、乳児保育の「ねらい」及び「内容」については、身体的発達に関する視点「健やかに伸び伸びと育つ」、社会的発達に関する視点「身近な人と気持ちが通じ合う」及び精神的発達に関する視点「身近なものと関わり感性が育つ」としてまとめ、示している。
ウ 本項の各視点において示す保育の内容は、第1章の2に示された養護における「生命の保持」及び「情緒の安定」に関わる保育の内容と、一体となって展開されるものであることに留意が必要である。

(2) ねらい及び内容

ア 健やかに伸び伸びと育つ
　健康な心と体を育て、自ら健康で安全な生活をつくり出す力の基盤を培う。
　(ア) ねらい
　　① 身体感覚が育ち、快適な環境に心地よさを感じる。
　　② 伸び伸びと体を動かし、はう、歩くなどの運動をしようとする。
　　③ 食事、睡眠等の生活のリズムの感覚が芽生える。
　(イ) 内容
　　① 保育士等の愛情豊かな受容の下で、生理的・心理的欲求を満たし、心地よく生活をする。
　　② 一人一人の発育に応じて、はう、立つ、歩くなど、十分に体を動かす。
　　③ 個人差に応じて授乳を行い、離乳を進めていく中で、様々な食品に少しずつ慣れ、食べることを楽しむ。
　　④ 一人一人の生活のリズムに応じて、安全な環境の下で十分に午睡をする。
　　⑤ おむつ交換や衣服の着脱などを通じて、清潔になることの心地よさを感じる。
　(ウ) 内容の取扱い
　　上記の取扱いに当たっては、次の事項に留意する必要がある。
　　① 心と体の健康は、相互に密接な関連があるものであることを踏まえ、温かい触れ合いの中で、心と体の発達を促すこと。特に、寝返り、お座り、はいはい、つかまり立ち、伝い歩きなど、発育に応じて、遊びの中で体を動かす機会を十分に確保し、自ら体を動かそうとする意欲が育つようにすること。
　　② 健康な心と体を育てるためには望ましい食習慣の形成が重要であることを踏まえ、離乳食が完了期へと徐々に移行する中で、様々な食品に慣れるようにするとともに、和やかな雰囲気の中で食べる喜びや楽しさを味わい、進んで食べようとする気持ちが育つようにすること。なお、食物アレルギーのある子どもへの対応については、嘱託医等の指示や協力の下に適切に対応すること。

イ 身近な人と気持ちが通じ合う
　受容的・応答的な関わりの下で、何かを伝えようとする意欲や身近な大人との信頼関係を育て、人と関わる力の基盤を培う。
　(ア) ねらい
　　① 安心できる関係の下で、身近な人と共に過ごす喜びを感じる。
　　② 体の動きや表情、発声等により、保育士等と気持ちを通わせようとする。
　　③ 身近な人と親しみ、関わりを深め、愛情や信頼感が芽生える。
　(イ) 内容
　　① 子どもからの働きかけを踏まえた、応答的な触れ合いや言葉がけによって、欲求が満たされ、安定感をもって過ごす。

② 体の動きや表情、発声、喃語(なん)等を優しく受け止めてもらい、保育士等とのやり取りを楽しむ。
　③ 生活や遊びの中で、自分の身近な人の存在に気付き、親しみの気持ちを表す。
　④ 保育士等による語りかけや歌いかけ、発声や喃語(なん)等への応答を通じて、言葉の理解や発語の意欲が育つ。
　⑤ 温かく、受容的な関わりを通じて、自分を肯定する気持ちが芽生える。
(ウ) 内容の取扱い
　上記の取扱いに当たっては、次の事項に留意する必要がある。
　① 保育士等との信頼関係に支えられて生活を確立していくことが人と関わる基盤となることを考慮して、子どもの多様な感情を受け止め、温かく受容的・応答的に関わり、一人一人に応じた適切な援助を行うようにすること。
　② 身近な人に親しみをもって接し、自分の感情などを表し、それに相手が応答する言葉を聞くことを通して、次第に言葉が獲得されていくことを考慮して、楽しい雰囲気の中での保育士等との関わり合いを大切にし、ゆっくりと優しく話しかけるなど、積極的に言葉のやり取りを楽しむことができるようにすること。
ウ　身近なものと関わり感性が育つ
　身近な環境に興味や好奇心をもって関わり、感じたことや考えたことを表現する力の基盤を培う。
(ア) ねらい
　① 身の回りのものに親しみ、様々なものに興味や関心をもつ。
　② 見る、触れる、探索するなど、身近な環境に自分から関わろうとする。

　③ 身体の諸感覚による認識が豊かになり、表情や手足、体の動き等で表現する。
(イ) 内容
　① 身近な生活用具、玩具や絵本などが用意された中で、身の回りのものに対する興味や好奇心をもつ。
　② 生活や遊びの中で様々なものに触れ、音、形、色、手触りなどに気付き、感覚の働きを豊かにする。
　③ 保育士等と一緒に様々な色彩や形のものや絵本などを見る。
　④ 玩具や身の回りのものを、つまむ、つかむ、たたく、引っ張るなど、手や指を使って遊ぶ。
　⑤ 保育士等のあやし遊びに機嫌よく応じたり、歌やリズムに合わせて手足や体を動かして楽しんだりする。
(ウ) 内容の取扱い
　上記の取扱いに当たっては、次の事項に留意する必要がある。
　① 玩具などは、音質、形、色、大きさなど子どもの発達状態に応じて適切なものを選び、その時々の子どもの興味や関心を踏まえるなど、遊びを通して感覚の発達が促されるものとなるように工夫すること。なお、安全な環境の下で、子どもが探索意欲を満たして自由に遊べるよう、身の回りのものについては、常に十分な点検を行うこと。
　② 乳児期においては、表情、発声、体の動きなどで、感情を表現することが多いことから、これらの表現しようとする意欲を積極的に受け止めて、子どもが様々な活動を楽しむことを通して表現が豊かになるようにすること。

(3) 保育の実施に関わる配慮事項
ア　乳児は疾病への抵抗力が弱く、心身の機能の未熟さに伴う疾病の発生が多いことか

ら、一人一人の発育及び発達状態や健康状態についての適切な判断に基づく保健的な対応を行うこと。
イ 一人一人の子どもの生育歴の違いに留意しつつ、欲求を適切に満たし、特定の保育士が応答的に関わるように努めること。
ウ 乳児保育に関わる職員間の連携や嘱託医との連携を図り、第3章に示す事項を踏まえ、適切に対応すること。栄養士及び看護師等が配置されている場合は、その専門性を生かした対応を図ること。
エ 保護者との信頼関係を築きながら保育を進めるとともに、保護者からの相談に応じ、保護者への支援に努めていくこと。
オ 担当の保育士が替わる場合には、子どものそれまでの生育歴や発達過程に留意し、職員間で協力して対応すること。

2 1歳以上3歳未満児の保育に関わるねらい及び内容

(1) 基本的事項
ア この時期においては、歩き始めから、歩く、走る、跳ぶなどへと、基本的な運動機能が次第に発達し、排泄の自立のための身体的機能も整うようになる。つまむ、めくるなどの指先の機能も発達し、食事、衣類の着脱なども、保育士等の援助の下で自分で行うようになる。発声も明瞭になり、語彙も増加し、自分の意思や欲求を言葉で表出できるようになる。このように自分でできることが増えてくる時期であることから、保育士等は、子どもの生活の安定を図りながら、自分でしようとする気持ちを尊重し、温かく見守るとともに、愛情豊かに、応答的に関わることが必要である。
イ 本項においては、この時期の発達の特徴を踏まえ、保育の「ねらい」及び「内容」について、心身の健康に関する領域「健康」、人との関わりに関する領域「人間関係」、身近な環境との関わりに関する領域「環境」、言葉の獲得に関する領域「言葉」及び感性と表現に関する領域「表現」としてまとめ、示している。
ウ 本項の各領域において示す保育の内容は、第1章の2に示された養護における「生命の保持」及び「情緒の安定」に関わる保育の内容と、一体となって展開されるものであることに留意が必要である。

(2) ねらい及び内容
ア 健康
　健康な心と体を育て、自ら健康で安全な生活をつくり出す力を養う。
(ア) ねらい
① 明るく伸び伸びと生活し、自分から体を動かすことを楽しむ。
② 自分の体を十分に動かし、様々な動きをしようとする。
③ 健康、安全な生活に必要な習慣に気付き、自分でしてみようとする気持ちが育つ。

(イ) 内容
① 保育士等の愛情豊かな受容の下で、安定感をもって生活をする。
② 食事や午睡、遊びと休息など、保育所における生活のリズムが形成される。
③ 走る、跳ぶ、登る、押す、引っ張るなど全身を使う遊びを楽しむ。
④ 様々な食品や調理形態に慣れ、ゆったりとした雰囲気の中で食事や間食を楽しむ。
⑤ 身の回りを清潔に保つ心地よさを感じ、その習慣が少しずつ身に付く。
⑥ 保育士等の助けを借りながら、衣類の着脱を自分でしようとする。
⑦ 便器での排泄に慣れ、自分で排泄ができるようになる。

(ウ) 内容の取扱い

上記の取扱いに当たっては、次の事項に留意する必要がある。

① 心と体の健康は、相互に密接な関連があるものであることを踏まえ、子どもの気持ちに配慮した温かい触れ合いの中で、心と体の発達を促すこと。特に、一人一人の発育に応じて、体を動かす機会を十分に確保し、自ら体を動かそうとする意欲が育つようにすること。

② 健康な心と体を育てるためには望ましい食習慣の形成が重要であることを踏まえ、ゆったりとした雰囲気の中で食べる喜びや楽しさを味わい、進んで食べようとする気持ちが育つようにすること。なお、食物アレルギーのある子どもへの対応については、嘱託医等の指示や協力の下に適切に対応すること。

③ 排泄(せつ)の習慣については、一人一人の排尿間隔等を踏まえ、おむつが汚れていないときに便器に座らせるなどにより、少しずつ慣れさせるようにすること。

④ 食事、排(せつ)泄、睡眠、衣類の着脱、身の回りを清潔にすることなど、生活に必要な基本的な習慣については、一人一人の状態に応じ、落ち着いた雰囲気の中で行うようにし、子どもが自分でしようとする気持ちを尊重すること。また、基本的な生活習慣の形成に当たっては、家庭での生活経験に配慮し、家庭との適切な連携の下で行うようにすること。

イ 人間関係

他の人々と親しみ、支え合って生活するために、自立心を育て、人と関わる力を養う。

(ア) ねらい

① 保育所での生活を楽しみ、身近な人と関わる心地よさを感じる。

② 周囲の子ども等への興味や関心が高まり、関わりをもとうとする。

③ 保育所の生活の仕方に慣れ、きまりの大切さに気付く。

(イ) 内容

① 保育士等や周囲の子ども等との安定した関係の中で、共に過ごす心地よさを感じる。

② 保育士等の受容的・応答的な関わりの中で、欲求を適切に満たし、安定感をもって過ごす。

③ 身の回りに様々な人がいることに気付き、徐々に他の子どもと関わりをもって遊ぶ。

④ 保育士等の仲立ちにより、他の子もとの関わり方を少しずつ身につける。

⑤ 保育所の生活の仕方に慣れ、きまりがあることや、その大切さに気付く。

⑥ 生活や遊びの中で、年長児や保育士等の真似をしたり、ごっこ遊びを楽しんだりする。

(ウ) 内容の取扱い

上記の取扱いに当たっては、次の事項に留意する必要がある。

① 保育士等との信頼関係に支えられて生活を確立するとともに、自分で何かをしようとする気持ちが旺盛になる時期であることに鑑み、そのような子どもの気持ちを尊重し、温かく見守るとともに、愛情豊かに、応答的に関わり、適切な援助を行うようにすること。

② 思い通りにいかない場合等の子どもの不安定な感情の表出については、保育士等が受容的に受け止めるとともに、そうした気持ちから立ち直る経験や感情をコントロールすることへの気付き等につなげていけるように援助するこ

と。
③ この時期は自己と他者との違いの認識がまだ十分ではないことから、子どもの自我の育ちを見守るとともに、保育士等が仲立ちとなって、自分の気持ちを相手に伝えることや相手の気持ちに気付くことの大切さなど、友達の気持ちや友達との関わり方を丁寧に伝えていくこと。

ウ　環境
周囲の様々な環境に好奇心や探究心をもって関わり、それらを生活に取り入れていこうとする力を養う。
(ア)　ねらい
① 身近な環境に親しみ、触れ合う中で、様々なものに興味や関心をもつ。
② 様々なものに関わる中で、発見を楽しんだり、考えたりしようとする。
③ 見る、聞く、触るなどの経験を通して、感覚の働きを豊かにする。
(イ)　内容
① 安全で活動しやすい環境での探索活動等を通して、見る、聞く、触れる、嗅ぐ、味わうなどの感覚の働きを豊かにする。
② 玩具、絵本、遊具などに興味をもち、それらを使った遊びを楽しむ。
③ 身の回りの物に触れる中で、形、色、大きさ、量などの物の性質や仕組みに気付く。
④ 自分の物と人の物の区別や、場所的感覚など、環境を捉える感覚が育つ。
⑤ 身近な生き物に気付き、親しみをもつ。
⑥ 近隣の生活や季節の行事などに興味や関心をもつ。
(ウ)　内容の取扱い
上記の取扱いに当たっては、次の事項に留意する必要がある。

① 玩具などは、音質、形、色、大きさなど子どもの発達状態に応じて適切なものを選び、遊びを通して感覚の発達が促されるように工夫すること。
② 身近な生き物との関わりについては、子どもが命を感じ、生命の尊さに気付く経験へとつながるものであることから、そうした気付きを促すような関わりとなるようにすること。
③ 地域の生活や季節の行事などに触れる際には、社会とのつながりや地域社会の文化への気付きにつながるものとなることが望ましいこと。その際、保育所内外の行事や地域の人々との触れ合いなどを通して行うこと等も考慮すること。

エ　言葉
経験したことや考えたことなどを自分なりの言葉で表現し、相手の話す言葉を聞こうとする意欲や態度を育て、言葉に対する感覚や言葉で表現する力を養う。
(ア)　ねらい
① 言葉遊びや言葉で表現する楽しさを感じる。
② 人の言葉や話などを聞き、自分でも思ったことを伝えようとする。
③ 絵本や物語等に親しむとともに、言葉のやり取りを通じて身近な人と気持ちを通わせる。
(イ)　内容
① 保育士等の応答的な関わりや話しかけにより、自ら言葉を使おうとする。
② 生活に必要な簡単な言葉に気付き、聞き分ける。
③ 親しみをもって日常の挨拶に応じる。
④ 絵本や紙芝居を楽しみ、簡単な言葉を繰り返したり、模倣をしたりして遊ぶ。

⑤ 保育士等とごっこ遊びをする中で、言葉のやり取りを楽しむ。
⑥ 保育士等を仲立ちとして、生活や遊びの中で友達との言葉のやり取りを楽しむ。
⑦ 保育士等や友達の言葉や話に興味や関心をもって、聞いたり、話したりする。

(ウ) 内容の取扱い
　上記の取扱いに当たっては、次の事項に留意する必要がある。
① 身近な人に親しみをもって接し、自分の感情などを伝え、それに相手が応答し、その言葉を聞くことを通して、次第に言葉が獲得されていくものであることを考慮して、楽しい雰囲気の中で保育士等との言葉のやり取りができるようにすること。
② 子どもが自分の思いを言葉で伝えるとともに、他の子どもの話などを聞くことを通して、次第に話を理解し、言葉による伝え合いができるようになるよう、気持ちや経験等の言語化を行うことを援助するなど、子ども同士の関わりの仲立ちを行うようにすること。
③ この時期は、片言から、二語文、ごっこ遊びでのやり取りができる程度へと、大きく言葉の習得が進む時期であることから、それぞれの子どもの発達の状況に応じて、遊びや関わりの工夫など、保育の内容を適切に展開することが必要であること。

オ　表現
　感じたことや考えたことを自分なりに表現することを通して、豊かな感性や表現する力を養い、創造性を豊かにする。

(ア) ねらい
① 身体の諸感覚の経験を豊かにし、様々な感覚を味わう。
② 感じたことや考えたことなどを自分なりに表現しようとする。
③ 生活や遊びの様々な体験を通して、イメージや感性が豊かになる。

(イ) 内容
① 水、砂、土、紙、粘土など様々な素材に触れて楽しむ。
② 音楽、リズムやそれに合わせた体の動きを楽しむ。
③ 生活の中で様々な音、形、色、手触り、動き、味、香りなどに気付いたり、感じたりして楽しむ。
④ 歌を歌ったり、簡単な手遊びや全身を使う遊びを楽しんだりする。
⑤ 保育士等からの話や、生活や遊びの中での出来事を通して、イメージを豊かにする。
⑥ 生活や遊びの中で、興味のあることや経験したことなどを自分なりに表現する。

(ウ) 内容の取扱い
　上記の取扱いに当たっては、次の事項に留意する必要がある。
① 子どもの表現は、遊びや生活の様々な場面で表出されているものであることから、それらを積極的に受け止め、様々な表現の仕方や感性を豊かにする経験となるようにすること。
② 子どもが試行錯誤しながら様々な表現を楽しむことや、自分の力でやり遂げる充実感などに気付くよう、温かく見守るとともに、適切に援助を行うようにすること。
③ 様々な感情の表現等を通じて、子どもが自分の感情や気持ちに気付くようになる時期であることに鑑み、受容的な関わりの中で自信をもって表現することや、諦めずに続けた後の達成感

等を感じられるような経験が蓄積されるようにすること。

④ 身近な自然や身の回りの事物に関わる中で、発見や心が動く経験が得られるよう、諸感覚を働かせることを楽しむ遊びや素材を用意するなど保育の環境を整えること。

(3) 保育の実施に関わる配慮事項

ア 特に感染症にかかりやすい時期であるので、体の状態、機嫌、食欲などの日常の状態の観察を十分に行うとともに、適切な判断に基づく保健的な対応を心がけること。

イ 探索活動が十分できるように、事故防止に努めながら活動しやすい環境を整え、全身を使う遊びなど様々な遊びを取り入れること。

ウ 自我が形成され、子どもが自分の感情や気持ちに気付くようになる重要な時期であることに鑑み、情緒の安定を図りながら、子どもの自発的な活動を尊重するとともに促していくこと。

エ 担当の保育士が替わる場合には、子どものそれまでの経験や発達過程に留意し、職員間で協力して対応すること。

3 3歳以上児の保育に関するねらい及び内容

(1) 基本的事項

ア この時期においては、運動機能の発達により、基本的な動作が一通りできるようになるとともに、基本的な生活習慣もほぼ自立できるようになる。理解する語彙数が急激に増加し、知的興味や関心も高まってくる。仲間と遊び、仲間の中の一人という自覚が生じ、集団的な遊びや協同的な活動も見られるようになる。これらの発達の特徴を踏まえて、この時期の保育においては、個の成長と集団としての活動の充実が図られるようにしなければならない。

イ 本項においては、この時期の発達の特徴を踏まえ、保育の「ねらい」及び「内容」について、心身の健康に関する領域「健康」、人との関わりに関する領域「人間関係」、身近な環境との関わりに関する領域「環境」、言葉の獲得に関する領域「言葉」及び感性と表現に関する領域「表現」としてまとめ、示している。

ウ 本項の各領域において示す保育の内容は、第1章の2に示された養護における「生命の保持」及び「情緒の安定」に関わる保育の内容と、一体となって展開されるものであることに留意が必要である。

(2) ねらい及び内容

ア 健康

健康な心と体を育て、自ら健康で安全な生活をつくり出す力を養う。

(ア) ねらい

① 明るく伸び伸びと行動し、充実感を味わう。

② 自分の体を十分に動かし、進んで運動しようとする。

③ 健康、安全な生活に必要な習慣や態度を身に付け、見通しをもって行動する。

(イ) 内容

① 保育士等や友達と触れ合い、安定感をもって行動する。

② いろいろな遊びの中で十分に体を動かす。

③ 進んで戸外で遊ぶ。

④ 様々な活動に親しみ、楽しんで取り組む。

⑤ 保育士等や友達と食べることを楽しみ、食べ物への興味や関心をもつ。

⑥ 健康な生活のリズムを身に付ける。

⑦ 身の回りを清潔にし、衣服の着脱、食事、排泄などの生活に必要な活動を自分でする。

⑧ 保育所における生活の仕方を知り、自分たちで生活の場を整えながら見通しをもって行動する。

⑨ 自分の健康に関心をもち、病気の予防などに必要な活動を進んで行う。

⑩ 危険な場所、危険な遊び方、災害時などの行動の仕方が分かり、安全に気を付けて行動する。

(ウ) 内容の取扱い

上記の取扱いに当たっては、次の事項に留意する必要がある。

① 心と体の健康は、相互に密接な関連があるものであることを踏まえ、子どもが保育士等や他の子どもとの温かい触れ合いの中で自己の存在感や充実感を味わうことなどを基盤として、しなやかな心と体の発達を促すこと。特に、十分に体を動かす気持ちよさを体験し、自ら体を動かそうとする意欲が育つようにすること。

② 様々な遊びの中で、子どもが興味や関心、能力に応じて全身を使って活動することにより、体を動かす楽しさを味わい、自分の体を大切にしようとする気持ちが育つようにすること。その際、多様な動きを経験する中で、体の動きを調整するようにすること。

③ 自然の中で伸び伸びと体を動かして遊ぶことにより、体の諸機能の発達が促されることに留意し、子どもの興味や関心が戸外にも向くようにすること。その際、子どもの動線に配慮した園庭や遊具の配置などを工夫すること。

④ 健康な心と体を育てるためには食育を通じた望ましい食習慣の形成が大切であることを踏まえ、子どもの食生活の実情に配慮し、和やかな雰囲気の中で保育士等や他の子どもと食べる喜びや楽しさを味わったり、様々な食べ物への興味や関心をもったりするなどし、食の大切さに気付き、進んで食べようとする気持ちが育つようにすること。

⑤ 基本的な生活習慣の形成に当たっては、家庭での生活経験に配慮し、子どもの自立心を育て、子どもが他の子どもと関わりながら主体的な活動を展開する中で、生活に必要な習慣を身に付け、次第に見通しをもって行動できるようにすること。

⑥ 安全に関する指導に当たっては、情緒の安定を図り、遊びを通して安全についての構えを身に付け、危険な場所や事物などが分かり、安全についての理解を深めるようにすること。また、交通安全の習慣を身に付けるようにするとともに、避難訓練などを通して、災害などの緊急時に適切な行動がとれるようにすること。

イ 人間関係

他の人々と親しみ、支え合って生活するために、自立心を育て、人と関わる力を養う。

(ア) ねらい

① 保育所の生活を楽しみ、自分の力で行動することの充実感を味わう。

② 身近な人と親しみ、関わりを深め、工夫したり、協力したりして一緒に活動する楽しさを味わい、愛情や信頼感をもつ。

③ 社会生活における望ましい習慣や態度を身に付ける。

(イ) 内容

① 保育士等や友達と共に過ごすことの喜びを味わう。

② 自分で考え、自分で行動する。

③ 自分でできることは自分でする。

④ いろいろな遊びを楽しみながら物事

をやり遂げようとする気持ちをもつ。
⑤ 友達と積極的に関わりながら喜びや悲しみを共感し合う。
⑥ 自分の思ったことを相手に伝え、相手の思っていることに気付く。
⑦ 友達のよさに気付き、一緒に活動する楽しさを味わう。
⑧ 友達と楽しく活動する中で、共通の目的を見いだし、工夫したり、協力したりなどする。
⑨ よいことや悪いことがあることに気付き、考えながら行動する。
⑩ 友達との関わりを深め、思いやりをもつ。
⑪ 友達と楽しく生活する中できまりの大切さに気付き、守ろうとする。
⑫ 共同の遊具や用具を大切にし、皆で使う。
⑬ 高齢者をはじめ地域の人々などの自分の生活に関係の深いいろいろな人に親しみをもつ。

(ウ) 内容の取扱い

上記の取扱いに当たっては、次の事項に留意する必要がある。

① 保育士等との信頼関係に支えられて自分自身の生活を確立していくことが人と関わる基盤となることを考慮し、子どもが自ら周囲に働き掛けることにより多様な感情を体験し、試行錯誤しながら諦めずにやり遂げることの達成感や、前向きな見通しをもって自分の力で行うことの充実感を味わうことができるよう、子どもの行動を見守りながら適切な援助を行うようにすること。

② 一人一人を生かした集団を形成しながら人と関わる力を育てていくようにすること。その際、集団の生活の中で、子どもが自己を発揮し、保育士等や他の子どもに認められる体験をし、自分のよさや特徴に気付き、自信をもって行動できるようにすること。

③ 子どもが互いに関わりを深め、協同して遊ぶようになるため、自ら行動する力を育てるとともに、他の子どもと試行錯誤しながら活動を展開する楽しさや共通の目的が実現する喜びを味わうことができるようにすること。

④ 道徳性の芽生えを培うに当たっては、基本的な生活習慣の形成を図るとともに、子どもが他の子どもとの関わりの中で他人の存在に気付き、相手を尊重する気持ちをもって行動できるようにし、また、自然や身近な動植物に親しむことなどを通して豊かな心情が育つようにすること。特に、人に対する信頼感や思いやりの気持ちは、葛藤やつまずきをも体験し、それらを乗り越えることにより次第に芽生えてくることに配慮すること。

⑤ 集団の生活を通して、子どもが人との関わりを深め、規範意識の芽生えが培われることを考慮し、子どもが保育士等との信頼関係に支えられて自己を発揮する中で、互いに思いを主張し、折り合いを付ける体験をし、きまりの必要性などに気付き、自分の気持ちを調整する力が育つようにすること。

⑥ 高齢者をはじめ地域の人々などの自分の生活に関係の深いいろいろな人と触れ合い、自分の感情や意志を表現しながら共に楽しみ、共感し合う体験を通して、これらの人々などに親しみをもち、人と関わることの楽しさや人の役に立つ喜びを味わうことができるようにすること。また、生活を通して親や祖父母などの家族の愛情に気付き、

家族を大切にしようとする気持ちが育つようにすること。

ウ　環境
　周囲の様々な環境に好奇心や探究心をもって関わり、それらを生活に取り入れていこうとする力を養う。
　(ｱ)　ねらい
　　①　身近な環境に親しみ、自然と触れ合う中で様々な事象に興味や関心をもつ。
　　②　身近な環境に自分から関わり、発見を楽しんだり、考えたりし、それを生活に取り入れようとする。
　　③　身近な事象を見たり、考えたり、扱ったりする中で、物の性質や数量、文字などに対する感覚を豊かにする。
　(ｲ)　内容
　　①　自然に触れて生活し、その大きさ、美しさ、不思議さなどに気付く。
　　②　生活の中で、様々な物に触れ、その性質や仕組みに興味や関心をもつ。
　　③　季節により自然や人間の生活に変化のあることに気付く。
　　④　自然などの身近な事象に関心をもち、取り入れて遊ぶ。
　　⑤　身近な動植物に親しみをもって接し、生命の尊さに気付き、いたわったり、大切にしたりする。
　　⑥　日常生活の中で、我が国や地域社会における様々な文化や伝統に親しむ。
　　⑦　身近な物を大切にする。
　　⑧　身近な物や遊具に興味をもって関わり、自分なりに比べたり、関連付けたりしながら考えたり、試したりして工夫して遊ぶ。
　　⑨　日常生活の中で数量や図形などに関心をもつ。
　　⑩　日常生活の中で簡単な標識や文字などに関心をもつ。
　　⑪　生活に関係の深い情報や施設などに興味や関心をもつ。
　　⑫　保育所内外の行事において国旗に親しむ。
　(ｳ)　内容の取扱い
　　上記の取扱いに当たっては、次の事項に留意する必要がある。
　　①　子どもが、遊びの中で周囲の環境と関わり、次第に周囲の世界に好奇心を抱き、その意味や操作の仕方に関心をもち、物事の法則性に気付き、自分なりに考えることができるようになる過程を大切にすること。また、他の子どもの考えなどに触れて新しい考えを生み出す喜びや楽しさを味わい、自分の考えをよりよいものにしようとする気持ちが育つようにすること。
　　②　幼児期において自然のもつ意味は大きく、自然の大きさ、美しさ、不思議さなどに直接触れる体験を通して、子どもの心が安らぎ、豊かな感情、好奇心、思考力、表現力の基礎が培われることを踏まえ、子どもが自然との関わりを深めることができるよう工夫すること。
　　③　身近な事象や動植物に対する感動を伝え合い、共感し合うことなどを通して自分から関わろうとする意欲を育てるとともに、様々な関わり方を通してそれらに対する親しみや畏敬の念、生命を大切にする気持ち、公共心、探究心などが養われるようにすること。
　　④　文化や伝統に親しむ際には、正月や節句など我が国の伝統的な行事、国歌、唱歌、わらべうたや我が国の伝統的な遊びに親しんだり、異なる文化に触れる活動に親しんだりすることを通じて、社会とのつながりの意識や国際理解の意識の芽生えなどが養われるようにす

ること。
⑤ 数量や文字などに関しては、日常生活の中で子ども自身の必要感に基づく体験を大切にし、数量や文字などに関する興味や関心、感覚が養われるようにすること。

エ 言葉

経験したことや考えたことなどを自分なりの言葉で表現し、相手の話す言葉を聞こうとする意欲や態度を育て、言葉に対する感覚や言葉で表現する力を養う。

(ア) ねらい
① 自分の気持ちを言葉で表現する楽しさを味わう。
② 人の言葉や話などをよく聞き、自分の経験したことや考えたことを話し、伝え合う喜びを味わう。
③ 日常生活に必要な言葉が分かるようになるとともに、絵本や物語などに親しみ、言葉に対する感覚を豊かにし、保育士等や友達と心を通わせる。

(イ) 内容
① 保育士等や友達の言葉や話に興味や関心をもち、親しみをもって聞いたり、話したりする。
② したり、見たり、聞いたり、感じたり、考えたりなどしたことを自分なりに言葉で表現する。
③ したいこと、してほしいことを言葉で表現したり、分からないことを尋ねたりする。
④ 人の話を注意して聞き、相手に分かるように話す。
⑤ 生活の中で必要な言葉が分かり、使う。
⑥ 親しみをもって日常の挨拶をする。
⑦ 生活の中で言葉の楽しさや美しさに気付く。
⑧ いろいろな体験を通じてイメージや言葉を豊かにする。
⑨ 絵本や物語などに親しみ、興味をもって聞き、想像をする楽しさを味わう。
⑩ 日常生活の中で、文字などで伝える楽しさを味わう。

(ウ) 内容の取扱い

上記の取扱いに当たっては、次の事項に留意する必要がある。

① 言葉は、身近な人に親しみをもって接し、自分の感情や意志などを伝え、それに相手が応答し、その言葉を聞くことを通して次第に獲得されていくものであることを考慮して、子どもが保育士等や他の子どもと関わることにより心を動かされるような体験をし、言葉を交わす喜びを味わえるようにすること。
② 子どもが自分の思いを言葉で伝えるとともに、保育士等や他の子どもなどの話を興味をもって注意して聞くことを通して次第に話を理解するようになっていき、言葉による伝え合いができるようにすること。
③ 絵本や物語などで、その内容と自分の経験とを結び付けたり、想像を巡らせたりするなど、楽しみを十分に味わうことによって、次第に豊かなイメージをもち、言葉に対する感覚が養われるようにすること。
④ 子どもが生活の中で、言葉の響きやリズム、新しい言葉や表現などに触れ、これらを使う楽しさを味わえるようにすること。その際、絵本や物語に親しんだり、言葉遊びなどをしたりすることを通して、言葉が豊かになるようにすること。
⑤ 子どもが日常生活の中で、文字など

を使いながら思ったことや考えたことを伝える喜びや楽しさを味わい、文字に対する興味や関心をもつようにすること。

オ　表現

感じたことや考えたことを自分なりに表現することを通して、豊かな感性や表現する力を養い、創造性を豊かにする。

(ア) ねらい
① いろいろなものの美しさなどに対する豊かな感性をもつ。
② 感じたことや考えたことを自分なりに表現して楽しむ。
③ 生活の中でイメージを豊かにし、様々な表現を楽しむ。

(イ) 内容
① 生活の中で様々な音、形、色、手触り、動きなどに気付いたり、感じたりするなどして楽しむ。
② 生活の中で美しいものや心を動かす出来事に触れ、イメージを豊かにする。
③ 様々な出来事の中で、感動したことを伝え合う楽しさを味わう。
④ 感じたこと、考えたことなどを音や動きなどで表現したり、自由にかいたり、つくったりなどする。
⑤ いろいろな素材に親しみ、工夫して遊ぶ。
⑥ 音楽に親しみ、歌を歌ったり、簡単なリズム楽器を使ったりなどする楽しさを味わう。
⑦ かいたり、つくったりすることを楽しみ、遊びに使ったり、飾ったりなどする。
⑧ 自分のイメージを動きや言葉などで表現したり、演じて遊んだりするなどの楽しさを味わう。

(ウ) 内容の取扱い

上記の取扱いに当たっては、次の事項に留意する必要がある。
① 豊かな感性は、身近な環境と十分に関わる中で美しいもの、優れたもの、心を動かす出来事などに出会い、そこから得た感動を他の子どもや保育士等と共有し、様々に表現することなどを通して養われるようにすること。その際、風の音や雨の音、身近にある草や花の形や色など自然の中にある音、形、色などに気付くようにすること。
② 子どもの自己表現は素朴な形で行われることが多いので、保育士等はそのような表現を受容し、子ども自身の表現しようとする意欲を受け止めて、子どもが生活の中で子どもらしい様々な表現を楽しむことができるようにすること。
③ 生活経験や発達に応じ、自ら様々な表現を楽しみ、表現する意欲を十分に発揮させることができるように、遊具や用具などを整えたり、様々な素材や表現の仕方に親しんだり、他の子どもの表現に触れられるよう配慮したりし、表現する過程を大切にして自己表現を楽しめるように工夫すること。

(3) 保育の実施に関わる配慮事項

ア 第1章の4の(2)に示す「幼児期の終わりまでに育ってほしい姿」が、ねらい及び内容に基づく活動全体を通して資質・能力が育まれている子どもの小学校就学時の具体的な姿であることを踏まえ、指導を行う際には適宜考慮すること。

イ 子どもの発達や成長の援助をねらいとした活動の時間については、意識的に保育の計画等において位置付けて、実施することが重要であること。なお、そのような活動の時間については、保護者の就労状況等に

応じて子どもが保育所で過ごす時間がそれぞれ異なることに留意して設定すること。
ウ　特に必要な場合には、各領域に示すねらいの趣旨に基づいて、具体的な内容を工夫し、それを加えても差し支えないが、その場合には、それが第1章の1に示す保育所保育に関する基本原則を逸脱しないよう慎重に配慮する必要があること。

4　保育の実施に関して留意すべき事項

(1) 保育全般に関わる配慮事項

ア　子どもの心身の発達及び活動の実態などの個人差を踏まえるとともに、一人一人の子どもの気持ちを受け止め、援助すること。

イ　子どもの健康は、生理的・身体的な育ちとともに、自主性や社会性、豊かな感性の育ちとがあいまってもたらされることに留意すること。

ウ　子どもが自ら周囲に働きかけ、試行錯誤しつつ自分の力で行う活動を見守りながら、適切に援助すること。

エ　子どもの入所時の保育に当たっては、できるだけ個別的に対応し、子どもが安定感を得て、次第に保育所の生活になじんでいくようにするとともに、既に入所している子どもに不安や動揺を与えないようにすること。

オ　子どもの国籍や文化の違いを認め、互いに尊重する心を育てるようにすること。

カ　子どもの性差や個人差にも留意しつつ、性別などによる固定的な意識を植え付けることがないようにすること。

(2) 小学校との連携

ア　保育所においては、保育所保育が、小学校以降の生活や学習の基盤の育成につながることに配慮し、幼児期にふさわしい生活を通じて、創造的な思考や主体的な生活態度などの基礎を培うようにすること。

イ　保育所保育において育まれた資質・能力を踏まえ、小学校教育が円滑に行われるよう、小学校教師との意見交換や合同の研究の機会などを設け、第1章の4の(2)に示す「幼児期の終わりまでに育って欲しい姿」を共有するなど連携を図り、保育所保育と小学校教育との円滑な接続を図るよう努めること。

ウ　子どもに関する情報共有に関して、保育所に入所している子どもの就学に際し、市町村の支援の下に、子どもの育ちを支えるための資料が保育所から小学校へ送付されるようにすること。

(3) 家庭及び地域社会との連携

子どもの生活の連続性を踏まえ、家庭及び地域社会と連携して保育が展開されるよう配慮すること。その際、家庭や地域の機関及び団体の協力を得て、地域の自然、高齢者や異年齢の子ども等を含む人材、行事、施設等の地域の資源を積極的に活用し、豊かな生活体験をはじめ保育内容の充実が図られるよう配慮すること。

(第3章以下省略)

幼保連携型認定こども園教育・保育要領（抄）
（平成29年3月31日改訂、内閣府・文部科学省・厚生労働省告示第1号）

第1章　総則
第1　幼保連携型認定こども園における教育及び保育の基本及び目標等
1　幼保連携型認定こども園における教育及び保育の基本

　乳幼児期の教育及び保育は、子どもの健全な心身の発達を図りつつ生涯にわたる人格形成の基礎を培う重要なものであり、幼保連携型認定こども園における教育及び保育は、就学前の子どもに関する教育、保育等の総合的な提供の推進に関する法律（平成18年法律第77号。以下「認定こども園法」という。）第2条第7項に規定する目的及び第9条に掲げる目標を達成するため、乳幼児期全体を通して、その特性及び保護者や地域の実態を踏まえ、環境を通して行うものであることを基本とし、家庭や地域での生活を含めた園児の生活全体が豊かなものとなるように努めなければならない。

　このため保育教諭等は、園児との信頼関係を十分に築き、園児が自ら安心して身近な環境に主体的に関わり、環境との関わり方や意味に気付き、これらを取り込もうとして、試行錯誤したり、考えたりするようになる幼児期の教育における見方・考え方を生かし、その活動が豊かに展開されるよう環境を整え、園児と共によりよい教育及び保育の環境を創造するように努めるものとする。これらを踏まえ、次に示す事項を重視して教育及び保育を行わなければならない。

(1) 乳幼児期は周囲への依存を基盤にしつつ自立に向かうものであることを考慮して、周囲との信頼関係に支えられた生活の中で、園児一人一人が安心感と信頼感をもっていろいろな活動に取り組む体験を十分に積み重ねられるようにすること。

(2) 乳幼児期においては生命の保持が図られ安定した情緒の下で自己を十分に発揮することにより発達に必要な体験を得ていくものであることを考慮して、園児の主体的な活動を促し、乳幼児期にふさわしい生活が展開されるようにすること。

(3) 乳幼児期における自発的な活動としての遊びは、心身の調和のとれた発達の基礎を培う重要な学習であることを考慮して、遊びを通しての指導を中心として第2章に示すねらいが総合的に達成されるようにすること。

(4) 乳幼児期における発達は、心身の諸側面が相互に関連し合い、多様な経過をたどって成し遂げられていくものであること、また、園児の生活経験がそれぞれ異なることなどを考慮して、園児一人一人の特性や発達の過程に応じ、発達の課題に即した指導を行うようにすること。

　その際、保育教諭等は、園児の主体的な活動が確保されるよう、園児一人一人の行動の理解と予想に基づき、計画的に環境を構成しなければならない。この場合において、保育教諭等は、園児と人やものとの関わりが重要であることを踏まえ、教材を工夫し、物的・空間的環境を構成しなければならない。また、園児一人一人の活動の場面に応じて、様々な役割を果たし、その活動を豊かにしなければならない。

　なお、幼保連携型認定こども園における教育及び保育は、園児が入園してから修了するまでの在園期間全体を通して行われるものであり、この章の第3に示す幼保連携型認定こども園として特に配慮すべき事項を十分に踏まえて行うものとする。

2 幼保連携型認定こども園における教育及び保育の目標

　幼保連携型認定こども園は、家庭との連携を図りながら、この章の第1の1に示す幼保連携型認定こども園における教育及び保育の基本に基づいて一体的に展開される幼保連携型認定こども園における生活を通して、生きる力の基礎を育成するよう認定こども園法第9条に規定する幼保連携型認定こども園の教育及び保育の目標の達成に努めなければならない。幼保連携型認定こども園は、このことにより、義務教育及びその後の教育の基礎を培うとともに、子どもの最善の利益を考慮しつつ、その生活を保障し、保護者と共に園児を心身ともに健やかに育成するものとする。

　なお、認定こども園法第9条に規定する幼保連携型認定こども園の教育及び保育の目標については、発達や学びの連続性及び生活の連続性の観点から、小学校就学の始期に達するまでの時期を通じ、その達成に向けて努力すべき目当てとなるものであることから、満3歳未満の園児の保育にも当てはまることに留意するものとする。

3 幼保連携型認定こども園の教育及び保育において育みたい資質・能力及び「幼児期の終わりまでに育ってほしい姿」（略）

第2 教育及び保育の内容並びに子育ての支援等に関する全体的な計画等（略）

1 教育及び保育の内容並びに子育ての支援等に関する全体的な計画の作成等（略）

2 指導計画の作成と園児の理解に基づいた評価（略）

3 特別な配慮を必要とする園児への指導（略）

第3 幼保連携型認定こども園として特に配慮すべき事項

　幼保連携型認定こども園における教育及び保育を行うに当たっては、次の事項について特に配慮しなければならない。

1 当該幼保連携型認定こども園に入園した年齢により集団生活の経験年数が異なる園児がいることに配慮する等、0歳から小学校就学前までの一貫した教育及び保育を園児の発達や学びの連続性を考慮して展開していくこと。特に満3歳以上については入園する園児が多いことや同一学年の園児で編制される学級の中で生活することなどを踏まえ、家庭や他の保育施設等との連携や引継ぎを円滑に行うとともに、環境の工夫をすること。

2 園児の一日の生活の連続性及びリズムの多様性に配慮するとともに、保護者の生活形態を反映した園児の在園時間の長短、入園時期や登園日数の違いを踏まえ、園児一人一人の状況に応じ、教育及び保育の内容やその展開について工夫をすること。特に入園及び年度当初においては、家庭との連携の下、園児一人一人の生活の仕方やリズムに十分に配慮して一日の自然な生活の流れをつくり出していくようにすること。

3 環境を通して行う教育及び保育の活動の充実を図るため、幼保連携型認定こども園における教育及び保育の環境の構成に当たっては、乳幼児期の特性及び保護者や地域の実態を踏まえ、次の事項に留意すること。

(1) 0歳から小学校就学前までの様々な年齢の園児の発達の特性を踏まえ、満3歳未満の園児については特に健康、安全や発達の確保を十分に図るとともに、満3歳以上の園児については同一学年の園児で編制される学級による集団活動の中で遊びを中心とする園児の主体的な活動を通して発達や学びを促す経験が得られるよう工夫をすること。特に、満3歳以上の園児同士が共に育ち、学び合いながら、豊かな体験を積み重ねることができるよう工夫をすること。

(2) 在園時間が異なる多様な園児がいることを踏まえ、園児の生活が安定するよう、家

庭や地域、幼保連携型認定こども園における生活の連続性を確保するとともに、一日の生活のリズムを整えるよう工夫をすること。特に満3歳未満の園児については睡眠時間等の個人差に配慮するとともに、満3歳以上の園児については集中して遊ぶ場と家庭的な雰囲気の中でくつろぐ場との適切な調和等の工夫をすること。
  (3) 家庭や地域において異年齢の子どもと関わる機会が減少していることを踏まえ、満3歳以上の園児については、学級による集団活動とともに、満3歳未満の園児を含む異年齢の園児による活動を、園児の発達の状況にも配慮しつつ適切に組み合わせて設定するなどの工夫をすること。
  (4) 満3歳以上の園児については、特に長期的な休業中、園児が過ごす家庭や園などの生活の場が異なることを踏まえ、それぞれの多様な生活経験が長期的な休業などの終了後等の園生活に生かされるよう工夫をすること。
4 指導計画を作成する際には、この章に示す指導計画の作成上の留意事項を踏まえるとともに、次の事項にも特に配慮すること。
  (1) 園児の発達の個人差、入園した年齢の違いなどによる集団生活の経験年数の差、家庭環境等を踏まえ、園児一人一人の発達の特性や課題に十分留意すること。特に満3歳未満の園児については、大人への依存度が極めて高い等の特性があることから、個別的な対応を図ること。また、園児の集団生活への円滑な接続について、家庭等との連携及び協力を図る等十分留意すること。
  (2) 園児の発達の連続性を考慮した教育及び保育を展開する際には、次の事項に留意すること。
    ア 満3歳未満の園児については、園児一人一人の生育歴、心身の発達、活動の実態等に即して、個別的な計画を作成すること。
    イ 満3歳以上の園児については、個の成長と、園児相互の関係や協同的な活動が促されるよう考慮すること。
    ウ 異年齢で構成されるグループ等での指導に当たっては、園児一人一人の生活や経験、発達の過程などを把握し、適切な指導や環境の構成ができるよう考慮すること。
  (3) 一日の生活のリズムや在園時間が異なる園児が共に過ごすことを踏まえ、活動と休息、緊張感と解放感等の調和を図るとともに、園児に不安や動揺を与えないようにする等の配慮を行うこと。その際、担当の保育教諭等が替わる場合には、園児の様子等引継ぎを行い、十分な連携を図ること。
  (4) 午睡は生活のリズムを構成する重要な要素であり、安心して眠ることのできる安全な午睡環境を確保するとともに、在園時間が異なることや、睡眠時間は園児の発達の状況や個人によって差があることから、一律とならないよう配慮すること。
  (5) 長時間にわたる教育及び保育については、園児の発達の過程、生活のリズム及び心身の状態に十分配慮して、保育の内容や方法、職員の協力体制、家庭との連携などを指導計画に位置付けること。
5 生命の保持や情緒の安定を図るなど養護の行き届いた環境の下、幼保連携型認定こども園における教育及び保育を展開すること。
  (1) 園児一人一人が、快適にかつ健康で安全に過ごせるようにするとともに、その生理的欲求が十分に満たされ、健康増進が積極的に図られるようにするため、次の事項に留意すること。
    ア 園児一人一人の平常の健康状態や発育及び発達の状態を的確に把握し、異常を

感じる場合は、速やかに適切に対応すること。
イ　家庭との連携を密にし、学校医等との連携を図りながら、園児の疾病や事故防止に関する認識を深め、保健的で安全な環境の維持及び向上に努めること。
ウ　清潔で安全な環境を整え、適切な援助や応答的な関わりを通して、園児の生理的欲求を満たしていくこと。また、家庭と協力しながら、園児の発達の過程等に応じた適切な生活のリズムがつくられていくようにすること。
エ　園児の発達の過程等に応じて、適度な運動と休息をとることができるようにすること。また、食事、排泄、睡眠、衣類の着脱、身の回りを清潔にすることなどについて、園児が意欲的に生活できるよう適切に援助すること。

(2) 園児一人一人が安定感をもって過ごし、自分の気持ちを安心して表すことができるようにするとともに、周囲から主体として受け止められ主体として育ち、自分を肯定する気持ちが育まれていくようにし、くつろいで共に過ごし、心身の疲れが癒やされるようにするため、次の事項に留意すること。
ア　園児一人一人の置かれている状態や発達の過程などを的確に把握し、園児の欲求を適切に満たしながら、応答的な触れ合いや言葉掛けを行うこと。
イ　園児一人一人の気持ちを受容し、共感しながら、園児との継続的な信頼関係を築いていくこと。
ウ　保育教諭等との信頼関係を基盤に、園児一人一人が主体的に活動し、自発性や探索意欲などを高めるとともに、自分への自信をもつことができるよう成長の過程を見守り、適切に働き掛けること。

エ　園児一人一人の生活のリズム、発達の過程、在園時間などに応じて、活動内容のバランスや調和を図りながら、適切な食事や休息がとれるようにすること。

6　園児の健康及び安全は、園児の生命の保持と健やかな生活の基本であり、幼保連携型認定こども園の生活全体を通して健康や安全に関する管理や指導、食育の推進等に十分留意すること。

7　保護者に対する子育ての支援に当たっては、この章に示す幼保連携型認定こども園における教育及び保育の基本及び目標を踏まえ、子どもに対する学校としての教育及び児童福祉施設としての保育並びに保護者に対する子育ての支援について相互に有機的な連携が図られるようにすること。また、幼保連携型認定こども園の目的の達成に資するため、保護者が子どもの成長に気付き子育ての喜びが感じられるよう、幼保連携型認定こども園の特性を生かした子育ての支援に努めること。

(第2章以下省略)

保育実践を学ぶ 保育内容「人間関係」［第2版］

2013年 4 月18日	初版第 1 刷発行
2017年 3 月31日	初版第 5 刷発行
2018年 4 月 1 日	第 2 版第 1 刷発行
2023年 3 月 1 日	第 2 版第 6 刷発行

編　　者	咲間　まり子
発 行 者	竹鼻　均之
発 行 所	株式会社みらい
	〒500-8137　岐阜市東興町40　第5澤田ビル
	TEL　058-247-1227(代)
	FAX　058-247-1218
	https://www.mirai-inc.jp/
印刷・製本	サンメッセ株式会社

ISBN978-4-86015-437-0　C3037
Printed in Japan　　　乱丁本・落丁本はお取り替え致します。